U0141514

獻給

當年十萬青年十萬軍的老爸
聽說您在另一個世界買賣黃金

一起存股去！

選對公司、長期買進，用「咖啡園存股法」
打造花不完的退休金

謝士英 著

目錄

Chapter 1 存對優質好股

Chapter 2 掌握買賣時機

Chapter3　克服波動挑戰

Chapter6 解讀大師名言

鍛鍊投資人品格

謝士英的投資方法，最簡單，也最難學。因為「人棄我取，人取我與」、「貴則賣，賤則買」，不是一種技能，而是一種品格。很多人不知道，品格是不容易學習的，只能透過在股市裡，一日復一日地，慢慢實踐，慢慢磨練。以下是我觀察到的謝士英：

1. 謝士英是有耐心的人。他認為，投資股票應當像種植有機蔬菜的農夫，即使蔬菜生長的速度慢一點、少一點，但是種出來作物更健康、更好吃，我們不應該急躁地看著別人的田地，而是按自己的步調，慢慢累積。

2. 謝士英是明智的人。他認為，投資股票就是投資一門生意。他不買獲利不穩的、太年輕的、經營管理

層有問題的企業;而是把注意力聚焦在公司的獲利能力,從而辨認出「能持續賺錢」的好公司,長期投資它,領股息又賺增值。

3. 謝士英是謙虛的人。他認為,自己不管什麼原因,錯賣了好股票,只要在恰當的時機,他總會動手買回來。不怕認錯,也勇於承認犯錯。

4. 謝士英是有毅力的人。他生活節儉,樂觀自律,持有好股票,長達 20 幾年,歷經數次股災,也絲毫不動搖其志。

總而言之,謝士英就像《史記》〈貨殖列傳〉上記載的富人,日常生活中,能「薄飲食,忍嗜欲,節衣服,」但時機一到,「趨時若猛獸摯鳥之發」,能迅速把握機會,逆向投資。這種有耐心、明智、謙虛、有毅力的品格,值得我們學習。

也許,我不能避免在股市大跌時,錯殺好股票,犯下大錯;但我能模仿謝士英,承認犯錯,保持謙虛;

又或許，我不能生活節儉、樂天知命，但我能從今天開始，邁開步伐，每天健走、練瑜伽、重訓，鍛鍊內在的恆心和毅力；我能從今天開始，從看了這本書開始，在日常生活中，鍛鍊我的投資人品格，向謝士英致敬。

作為一個投資人，我們都應不退縮、不責備自己、不回想過去、不悲觀，專注眼前，正確地理解事實，做能做的事。這是我看完這本書，鼓勵自己的道理，希望看完這本書的我們，一起前進。

富媽媽　十方 (李雅雯)

李雅雯

存股簡單易懂　輕鬆累積資產

　　出書原本就不在自己人生的規畫之中，寫１本關於投資理財的書，那就可能是在睡夢中也不會出現的劇本；現在，好像任何不可能的事也會發生，於是再也不敢把話說死了。

　　第１本書在意外中問世，就像城邦集團執行長何飛鵬在《商業周刊》專欄裡寫到：「人人都該寫１本書。」我也算是達成了他的期許。令人意外的是，拙著問世後好像還頗受歡迎的，在此先要感謝各位讀者的抬愛，讓我覺得自己是受到幸運之神眷顧的。見好收場是我最初的想法，因為自己的故事說完了，又不是財經專家，應該不要為賦新詞強說愁，而勉強地再寫第２本。

　　記得賣座電影出續集的很少能超越前者，多數是草

草下片的。除了 007 系列電影，是難得拍了那麼多續集，還是能頗受不同世代觀眾所歡迎的特例；暌違多年才問世的《捍衛戰士：獨行俠》，也創下票房佳績。

我除了初中時的學號是 007，和打球後全身有「汗味」之外，真的不敢奢望這本新書的銷售成績能有多好，只是盼望寫的內容能夠對讀者的理財有加分效果，不要讓大家失望就好。否則還真要等詐騙集團替我再辦贈書活動來增加銷量，才能對得起出版單位的抬愛了。差點忘了，同樣是湯姆‧克魯斯（Tom Cruise）主演的《不可能的任務》系列電影續集，也都有很好的成績；這本書就像是我的《不可能的任務》，希望不要太漏氣就好。

當年最早採訪我的《Smart 智富》月刊開始動之以情地說服我後，在半推半就之下，再次打開筆電，用我的二指神功來寫這本應該是最後關於自己存股的書了。既然自認為第 1 本寫的是故事書，那第 2 本就不好意思再將老故事再說一遍。由於我沒有所謂的臉書（Facebook）粉絲頁，在和編輯討論過後，我就以答

客問的脈絡，將這幾年讀者及網路上看到大家常提出的投資問題來撰寫，以便與第 1 本書做一些區隔，也希望能讓讀者們更了解我存股這麼多年來，在遇到類似問題的時候是怎麼思考的。

因為我的存股法很簡單易懂，沒有太多大道理，部分內容有可能會有所重複，在此先向諸位讀者打個預防針，就請當作老人家的善意提醒，還請多多包涵！不過，我仍希望維持輕鬆的筆調，以免變成 1 本曲高和寡、艱澀難讀的教科書。這樣才能讓讀者配上 1 杯咖啡或是香片，不需要費太多力氣，就在存股的路上累積資產。

這本書裡，我除了會向大家交代目前我的存股概況，也會進一步聊聊我新買了什麼股票？為什麼會選它們？以及存股這麼長的時間，面對股市的大幅震盪，我為什麼還能堅持繼續存股，以至於如今能夠靠著股市，過著「平均月領 20 萬元」的輕鬆退休生活。

存股的方法其實不難，難的是改變投資心態與習慣。

對有心想要存股的投資人，我得先提出幾個建議：

1.不要搶買熱門股

　　首先，要能改變投資心態與習慣，不要跟著大家湊熱鬧，想在股市中長期投資的，一定要記得「人多的地方不要去」。當大家都瘋搶某些股票時，股價通常都已經過高了，而且還不一定是好公司，若想要存股的在這時買進，持有成本過高，換成獲利率就相對會低，甚至比定存好不了多少。

　　台積電（2330）股價在 2024 年初從不到 600元時一路上漲，7 月首次突破千元，最高漲幅超過80%，有人擔心沒有跟上，就趕在漲破千元時搶進。儘管具備競爭力的好公司值得長期持有，但急忙在股價高點買進，得承受股價停擺或是下跌的煎熬，可能等不到它大漲，就因為缺乏耐心而出場。記得，切忌追高殺低！

　　更不要說當年因為一時的題材高價追買浩鼎（4174）或高端疫苗（6547）等生技股的那些股民，

更是慘不忍睹！這兩家公司至今的獲利還沒有起色，
無法長期支撐那麼高的股價。

2.養成獨立思辨能力

再者，是要養成獨立思考或是思辨的能力，對於任
何接收到的訊息都要過濾。先是要濾掉不正確的訊息，
和一些似是而非的消息。新聞的背後代表了什麼其他
的意義，都需要我們進一步去思考。

例如，有些投資人在台積電股價高點搶進，但是一
看到外資大賣台積電，又馬上跟進。外資是因為看衰
台積電的業績？還是因為它當時的股價過高而先獲利
了結，或僅是單純調整資產布局？小股民們若是不清
楚自己的投資邏輯，而只是跟著外資或是財經新聞的
報導買賣股票，要想早日財務自由的美夢，就可能永
遠只是一個夢了。

3.養成儲蓄習慣，適時買股票來存

要養成固定儲蓄的習慣，適時買些好股票來存，也
不一定要定期定額地買。長期存股族若能買到相對便

宜的好公司股票，讓時間去產生複利效果，其成果是很驚人的。平日存錢，有意外之財也不要全部拿來犒賞自己，多儲存一些子彈；等股市下跌時，就能撿一些便宜的好股票來存，巴菲特（Warren Buffett）所謂的「雪球」就是如此滾出來的。

「雪球」不是短期可以滾出來的，所以需要時間和耐心去等待。身邊有不少朋友想要存股，卻用跑短線的心態天天盯著大盤，甚至起大早先看國際盤。個人認為存股的不需要天天盯著股市，偶爾看看是否有便宜貨好撿即可。長期存股是要製造被動收入，也就是每年收股利（咖啡豆）。每天花好幾個小時在盯盤，那像是在打另一份工，賺的是主動收入，甚至有可能是在做白工。

真正需要花點時間的是定期追蹤公司的營運狀況，確定自己投資的是好公司。我會注意有關公司月營收和季報的新聞，以及公司未來營運的發展。

像是 2022 年時，我持有的統一（1216）收購了

家樂福，兩者合併後是否會產生一加一大於二的綜效，這才是我關心的重點。

4.別落入冒名投資廣告陷阱

第 1 次出書後，沒有因為新冠肺炎疫情的肆虐，而讓時光過得緩慢下來，反而一晃眼就是 3、4 年過去了。以前除了寫論文或研究報告之外，壓根兒就沒想過寫 1 本有關投資理財的書，而且還不止 1 本。

這幾年來發生的各種事情都成了生命中意外的驚喜，本來只能在電視機前觀看的主持人和專家名嘴，讓我也有機會和他們坐在一起錄影。廣播節目也上了好幾個，有錄音的也有現場加直播的；除了多了幾張可以炫耀的紀念照片之外，也讓我學習到和得到不少寶貴的資訊。這段時間讓我跳出了校園這個舒適的小圈圈，進入了另一個陌生又有點熟悉的大觀園；能在教職退休之後擴大生活領域，實在是難能可貴的際遇吧！

身為 4 年級生的退休族，最近常有的活動就是參加同學會，從小學同學一直到留美的同學，只要有機會

都想要見面敘舊或是至少取得聯絡。一般的同學會大多在談當年趣事或是養兒顧孫的話題，而我的同學會增加了簽書和經驗分享。獨樂樂不如眾樂樂，個人的存股經驗也是很樂於和同學或其他讀者分享的。

隨著在電視和網路上曝光率的增加，出門在外隨時都可能會被認出。一開始都會以為是碰到以前教過的學生，現在許多人會說：「老師，我也是存股的。」好像是通關密語一樣，大家彼此會心一笑。最巧的是，載父親去急診室的 119 消防員在找我簽文件後也是說這句通關密語，讓我原本緊張不安的心情立刻舒緩不少。當然多年前教過的學生，不時地經由臉書、Line 群組或是 E-mail 等和我取得聯繫，能重續當年的師生緣，也算是出書和上節目的最佳附加效果吧。

俗語說：「人怕出名，豬怕肥。」出書後，配合出版社在幾個財經節目亮相，對銷售量固然有不少的幫助，但是也有些負面效果產生。好像是詐騙天堂的寶島，連我這初出茅廬的老傢伙也沒放過，在網路上截圖建立各種詐騙群組，讓想快速發財的民眾上當被騙，

其中也有自己認識的老同事。

　　存股的投資方法是不能迅速致富的，而我個人也遵循巴菲特投資原則，不碰不熟悉的股票。筆者只熟悉極小部分台股，連上櫃、興櫃的股票都沒碰過，就更沒有投資國外股市。

　　記得有一次錄影時，特別請主持人給我一點時間，讓我澄清被冒名的群組是詐騙；沒想到其他來賓也都有類似狀況，大家當場就一起發表了聯合聲明。

　　剛開始心中總是有些疙瘩，直到後來在臉書上看到，台積電創辦人張忠謀的夫人張淑芬和陳文茜等名人，也被冒名刊登投資群組廣告，自此也就對這些層出不窮的詐騙開始感到麻木了。

　　再等到看到郭台銘郭董說是我多年好友的群組廣告時，更讓我不禁莞爾，還真的希望能有郭董這檔次的老友，也許能有機會說服他不要踩進政治這凶險的叢林，錢省下來多做一些公益不是很好嗎？

　　不過再次在此提醒讀者，千萬別相信那些好得不像真的投資廣告。最近在路上被讀者或觀眾認出時，除了打聲招呼之外，一定提醒對方，我沒有任何群組提供明牌。切記，天下沒有白吃的午餐，最好不要亂加那些詐騙群組，以免吃虧上當，賠掉了辛苦賺來的老本，還要氣上好一陣子。

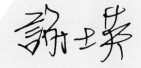

Chapter 1

存對優質好股

先選好公司
等合理價或便宜價時買進

這一路走來，股利在成長、持股數在成長、市值也在成長。慢慢的增長，時間拉長了還是有不錯的成績，完勝定存和通膨。

在達到財務自由之後，除了不用再擔心與錢有關的煩心之外，生活並沒有多大改變，但是心境有所改變。現在面對理財時會像玩遊戲一樣，每次跨過一個關卡或是安全度過一個股災，都是頗有成就感的。與人分享後有人也得到了不錯的成果，那更是有獨樂樂不如眾樂樂的喜悅！

用股利持續買進並持有

以前武俠小說裡會有人僅靠一招半式就可以闖蕩江

湖，在現實社會裡應該很罕見吧！尤其是在流行斜槓的當下，沒有身懷3、4種不同的絕技，還真不好在社會上混日子。沒想到我就是靠著一套簡單的投資方法，在股市中也叫得出名號，冒用我的名字和照片的投資群組層出不窮，和其他股市名人一同成為受害者。承蒙被詐騙集團看得起，卻也讓我哭笑不得。

所謂的一招半式就是「先選好公司」，再「等一個合理價格或是便宜價格」買進，將每年配得的股利找機會繼續買進並持有。

沒有賣出的理由時，我的持股就只會慢慢地增加。20多年來如一日，和那些天天看盤，在股市中殺進殺出的投資朋友相比，我的投資生活顯得有些無趣。不過看到每年的股利在增加，股票的市值也逐年成長，自己還是頗有成就感的。

剛開始接觸股市時，那時的上市公司家數沒有現在多。符合我的好公司條件的也多是那些耳熟能詳的知名老公司，如統一（1216）、「台塑四寶」（台塑

（1301）、台塑化（6505）、台化（1326）、南亞（1303）)、「晶圓雙雄」（台積電（2330）、聯電（2303））、中鋼（2002）、宏碁（2353）、華碩（2357）和各大金控等。

　　股市每天起起伏伏，但也不是每家公司像跳廣場舞那麼整齊，一起漲又一起跌。若是手邊正好有些閒錢，又碰到某家好公司正好在買得下的價位，那我的庫存就會增加1張。所以在這種有錢沒錢和股價高高低低的情況下，我的持股也就慢慢地不均勻地成長了，像統一就是在SARS疫情剛結束時，用每股10元2張、2張地慢慢買進。

　　在我心目中的好公司多是股本較大的成熟企業，其股價比較溫吞，不像一些小資本的上市櫃公司常常活蹦亂跳，這樣可以讓想存股的人有機會買到比較合理的價位。長久下來，平均持股的成本也變得很低。

　　雖說存股是以收取股利為主，但是若要賣出持股時，資本利得其實也是很驚人的。例如我持有的統一，帳

面平均成本是每股 31 元，現在股價超過 80 元了，價差有 50 多元。不過，我還是看好統一未來的成長性，現在繼續存，1 張都捨不得賣呢！

8檔核心持股
年領股利達200萬元

在這幾年的時間裡,我也還是運用「咖啡園存股法」,繼續挑好的公司或增持原本持有的公司股票,選在合理價位時買進。通常是參考已公布的財報,或公司公告要發多少股利的訊息來決定。

因持有股數增加和公司營運成長,我的存股咖啡園總市值也持續增長,每年收成的咖啡豆(現金股利)也是幾乎逐年成長。2023 年的現金股利因受銀行金控股的拖累,有些許縮水,但是 2024 年開始恢復正常;且我每年還是將部分股利再投入買股,股票張數也繼續增加,使得我 2024 年領到的股利續創新高。

我在第 1 本書的書名裡有提到「年領股利 200 萬元」,其實是寫書的那年,包含股票股利在內共領了

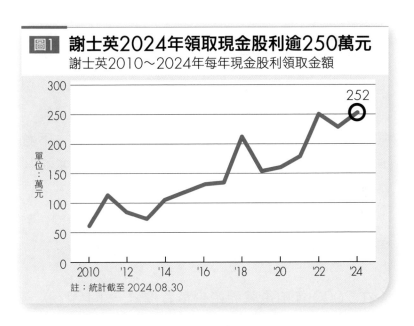

圖1 **謝士英2024年領取現金股利逾250萬元**

謝士英2010～2024年每年現金股利領取金額

252

單位：萬元

註：統計截至 2024.08.30

200 萬元股利，如果只算現金股利是 161 萬元。從 2022 年開始，每年光是現金股利都超過了 200 萬元，2023 年即使些微縮水也有 229 萬元，2024 年（截至 8 月底）則一共領到約 252 萬元，複利效果的威力愈來愈明顯（詳見圖 1）。

再次提醒投資人，愈在艱困的時候愈要有耐心，別去相信那些能夠迅速致富的訊息或群組。想要一夜致

富的,除了中樂透之外,破財夢碎的是占絕大多數。
即使是中樂透了,又有幾個能把這意外之財守得住呢?

很多人問我都買哪些股票,我會在這篇文章的最後,
把我帳上超過 5 張的持股都列出來給大家參考。不過
其中最核心的持股是以下這幾檔,我也來分享當初為
什麼會選它們來存股(詳見表 1)。

統一》持有逾20年,庫存超過200張

在 2000 年前後就開始少量買進統一(1216),
在 SARS 疫情快結束時買得比較多,那時股價約在每
股 10 元左右,陸續累積到 105 張。疫情過後股市也
隨之上揚,當統一漲到 17 元時,老爸替我獲利了結,
賣了 40 張。

他老人家認為賺了 70% 應該要落袋為安,我藉機拿
回買賣股票的主導權,不准他任意出賣我的股票。遺
憾的是,我再也沒有低於 17 元的統一好撿。現在幾年
下來,我又擁有超過 200 張的統一了,但平均成本已

表1　謝士英持有玉山金超過400張

謝士英18檔標的持股明細

股票名稱 （代號）	股數 （股）	每股股價 （元）	市值 （元）
統　一（1216）	201,000	82.60	16,602,600
玉山金（2884）	**467,660**	28.20	13,188,012
聯　電（2303）	135,125	55.50	7,499,438
裕　融（9941）	31,000	144.00	4,464,000
緯　創（3231）	42,000	101.50	4,263,000
長　興（1717）	120,000	31.50	3,780,000
聯華食（1231）	21,000	110.00	2,310,000
大統益（1232）	15,000	147.50	2,212,500
佳世達（2352）	60,000	35.85	2,151,000
永豐金（2890）	69,793	24.00	1,675,032
寶　成（9904）	45,000	34.75	1,563,750
大　成（1210）	25,000	53.60	1,340,000
台　塑（1301）	24,000	51.60	1,238,400
南　亞（1303）	25,000	45.30	1,132,500
宏　碁（2353）	25,000	43.75	1,093,750
中　碳（1723）	7,000	100.00	700,000
富邦金（2881）	6,120	91.90	562,428
元大台灣價值高息 （00940）	53,000	9.77	517,810

註：1. 本表僅列出謝士英超過5張之持股，按市值由高而低排序；2. 統計截至
　　2024.08.30

經高達 31 元！如果當年那 40 張成本 10 元的沒有被賣掉的話，現在的平均成本會更低。

聯電》逢低買進，年貢獻約5%殖利率

聯電（2303）曾是風光的「晶圓雙雄」（台積電（2330）、聯電）之一，2000 年之後從百元一路下跌，我是等跌破 20 元時，覺得應該跌無可跌了開始買的。當它繼續慢慢地在下跌時，我沒有停損，而是若有資金就買一些來降低持有成本。那時心想，既然是晶圓雙雄之一，應該早晚會重返榮耀吧？

重要的是，那時聯電的營運雖不理想，但是仍是有繼續配發股利，我就將其視為定存，每年領股利就好。當然我還是持續關注聯電的營運和未來展望，是否符合期望來決定投資的策略。記得在 2018 年時，據當年的新聞報導，聯電決定不再與台積電競爭先進製程，減少燒錢式的資本支出，轉而優化既有的成熟製程來提高毛利率增加獲利。令人興奮的是，到目前為止，聯電的表現是符合預期的，其現金股利從疫情時的每

股 0.8 元，成長到 2023 年的 3.6 元，和 2024 年的
3 元（編按：此處為股利發放年度）。

4 年多前（2020 年）曾在財經節目中獨排眾議推薦
聯電，至少到現在還沒讓我漏氣，每年提供我超過 5%
殖利率的被動收入。當然在競爭激烈的晶圓代工市場，
我還是要逐季持續地追蹤聯電業績的表現，作為未來
存股取捨的參考。在此特別聲明，台積電更是晶圓代
工的老大，更是比聯電有競爭力的好公司。遺憾的是，
我一直沒有等到我認為合理或便宜的買進機會。

玉山金》金融海嘯後買進，持股張數最多

在 2008 年的金融風暴肆虐之下，台股大盤最低
下殺到 3,955 點，一片哀鴻遍野之際，發現玉山金
（2884）的股價居然跌破面值，只剩 8 元上下，那
時帳戶裡 2008 年領的現金股利仍在，就把握危機入
市的原則開始買進，讓我撿了不少便宜的玉山金。

過去這幾年，玉山金等金融股多採取配發現金和

股票股利的政策，再加上還有辦理現金增資，讓我的
持有張數成長很快，目前是我持股張數最多的股票；
2024 年也繼續再成長，但是速度有放慢的跡象，因
為股票股利只配每股 0.2 元，可能是公司也不希望股
本膨脹得太快吧？

　　追蹤了玉山金這幾年的業績，發現其獲利並未因為
股本膨脹而被明顯稀釋，表示公司的營運上軌道，這
讓長期投資者寬心不少，繼續買進並持有。希望很快
能超過 500 張，算是一個里程碑吧！

長興》參訪公司後買進，持有逾百張

　　當初應該是去「長興化工」（舊名稱）總公司參訪
或評鑑，時間有些久遠而記不太清楚，反正在過程中
覺得長興（1717）是一家值得投資的好公司。回學校
後也請教了化學系和物理系的同仁，得到正面回應後，
也就開始慢慢地存股，多年下來也超過了百張的持股。

　　現在公司也因為做了轉型，而更名為「長興材料」，

從傳產用的化工原料轉移到科技業化學原料。最近這幾年公司的業績，並未像熱門的 AI 概念股般大爆發，反而好像有些低迷，但也仍算是一家獲利穩定的企業。目前（2024 年）其股價並未出現便宜價，故仍是維持和去年（2023 年）差不多的持股，股利入帳後將再考慮是否還要增購。

永豐金》業績有好轉跡象，預備存百張以上

我最早原是持有建華金控的股票，在與台北國際商銀合併後更名為永豐金控，自然地轉成永豐金（2890）的股票。老董事長還在位的那幾年，永豐金的業績表現平平，這也反映到其股價上，有段時間股價在 10 元上下徘徊。

不過，永豐金好像漸漸地甦醒了，我也順勢逢低開始買進，這 2 年的表現已經不輸給玉山金，實在令人振奮！有次上通告與知名分析師李永年老師同台，他特別推崇永豐金近年來的優秀表現，讓我得到了大師的背書，準備將其放入下一檔百張存股名單中。

泛宏碁》長期領息，等待重返榮耀

到目前為止，宏碁（2353）經過了 3 次危機，在 2000 年施振榮董事長誓言要重振宏碁時，為響應支持我們自己的產業而買入宏碁的股票。沒多久宏碁決定將品牌和代工分家，我就順理成章地成為了緯創（3231）和佳世達（2352）的股東了。現在一算，「泛宏碁」3 檔持股也持有超過 20 多年了。

這段時間裡，3 家公司的業績表現平平，還是有在穩定配息，但沒有任何爆發性的發展。說起來，過去繳出的成績單遠不如華碩（2357）集團，所以我就只會在其股價相對便宜時偶爾增加 1～2 張，因此至今我的泛宏碁 3 檔持股加起來約 127 張，算是存得比較少的核心持股。

因為我還算是認同它們的發展策略，持股只增不減，終於在 2023 年的 AI 浪潮中，股價有一點水漲船高。希望這只是集團重返榮耀的起點，未來還有更好的成績。應該不會讓我失望吧？

1-3
運用2條件
篩選值得長期存股的公司

　　早年除了買太平洋建設（太設（2506））是因為個人特別的原因買進的，其他股票我都是先去找所謂的「好公司」，開始研究和追蹤其過去和當下的業績，也會試著去預測下一年的股利是會成長還是可能持平。

　　堅持好公司這個原則，其實這也是蒙格（Charlie Munger）教巴菲特（Warren Buffett）最重要的選股觀念，只要不是所謂的好公司，其股價再便宜都不要去碰。

　　我的核心持股名單中，都是股價波動不大的大牛股，但是公司業績不錯，每年都會穩定的配發股利，讓我的被動收入逐年成長。由於好公司的業績還是會反映到股價上，我的股票總市值也隨之水漲船高（詳見圖

1），讓我有了看到億元教授鄭廳宜的車尾燈的幻想了。我會用 2 條件選出可長期存的股票：

條件1》不易被淘汰的產業

有些行業起伏淘汰率並不大，像是可口可樂（Coca-Cola）、統一（1216）這類民生產業，會隨著經濟成長而茁壯。所以想要長期持股賺股利的投資人，應該要去關注產業變化的趨勢，避免去投資某些在短期內會暴起暴落的產業。通常來說，食品業和金融相關產業相對穩定性高，一般投資人比較好預測。

食品股》可對抗通膨

食品股是我的核心持股。「民以食為天」，不管景氣好壞，大家一天三餐都少不了；再加上食品價格隨著通膨而逐年成長，讓體質良好的食品業能夠維持著不錯的獲利。除了原有的統一和大統益（1232）之外，近幾年我也買了一些大成（1210）、卜蜂（1215）、聯華食（1231）等，張數不多，但股利可以讓我吃到便宜或免費的雞蛋或可樂果。

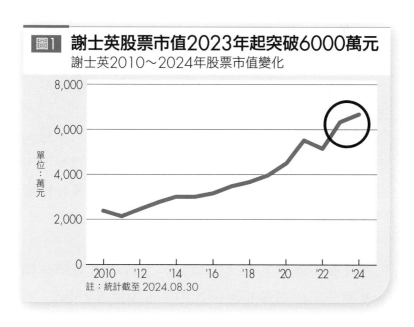

圖1　謝士英股票市值2023年起突破6000萬元

謝士英2010～2024年股票市值變化

單位：萬元

註：統計截至 2024.08.30

　　當然，統一仍是我的核心持股，它是國內最大的食品集團，從食品製造到零售一條龍，再加上進入大陸、菲律賓、南韓和越南等市場，應該是穩定地朝向跨國大集團的方向挺進。2022 年統一集團百分百持有法商家樂福後，對整個集團的營收應該有錦上添花的效果。按照過去 20 多年成長的軌跡，在不遠的未來，股價突破百元大關是可以期待的。此外，在少子化的當下，寵物市場不可小覷，國內食品廠包括統一在內，

也開始布局這個新興市場，寵物用品的毛利有可能不低，令人期待！

銀行股》適合穩定領息

銀行金融業也是比較不容易被淘汰的行業，不論利率高低，銀行都可以在存貸之間賺到價差。再加上現在許多衍生性金融產品，只要不出弊端，體質和經營管理良好的金控公司，也是存股族穩定領息的選擇。

在《天下雜誌》和《遠見》等財經雜誌多年來與企業責任或永續等相關評比中，玉山金（2884）常常名列前茅。2024 年玉山金還獲得美國《富比世》（Forbes）雜誌「全球最佳銀行」台灣銀行業第 1 名，這已是第 4 度蟬聯第 1。玉山金是我的核心持股之一，至今持有 400 多張。

早年曾有世華銀行的股票，在被國泰金（2882）購併之後，我也順理成章地持有了國泰金，只是張數也不多；也因為一直沒有等到國泰金跌到便宜價，就按兵不動維持原樣。

　　另外，早年我也有建華金控的股票，公司更名之後，我現在也是永豐金（2890）的股東了。2021年初永豐金在10元上下徘徊，價錢算是合理或比較便宜，順勢增加了一些持股，現在算是我金融股當中的「二哥」了。2023年永豐金的業績很好，2024年的現金股利是0.75元，股票股利0.25元，都配得比上一年更好。之前還是有少量逢低增加庫存，現在只是遺憾當初沒有多存一些。

電信股》前景未明＋非便宜價，未持有

　　也有讀者問我，既然要存股，為什麼我沒有存營運穩定的電信龍頭——中華電（2412）？早年在中華電信全民釋股時，我們全家只有我兒子抽中，也持有至今。個人沒有中華電這類股票的最重要原因是——在價格便宜時我沒買到，等價格漲上去後，又買不下手。還是謹守好公司和好價格的買進原則，當價格不便宜時，我就做一個旁觀者。

　　另外有一個想法就是，進入5G（第5代行動通訊技術）時代，「電信三雄」中華電、台灣大（3045）、

遠傳（4904），都得投入大量的建設資金。由於市場競爭的緣故，3家都不敢漲價來反映成本，甚至還要削價競爭。若是如此，在可見的未來，獲利應該都不會成長太多，也許還會衰退。前景未明的公司，價錢也不算便宜，我就暫時不碰了。

條件2》近10年配股、配息穩定且逐年成長

當某一家公司進入個人存股的潛在名單時，這家公司過去的配股配息的資訊就一定要先檢驗。通常先去看公司過去10年配股、配息的情況是否穩定？這是第一個要去檢視的。

有人參考過去5年或是10年的平均股利，我個人沒有將這項數據列入參考，因覺得這平均值不能去預測未來的配股或配息。我會去看某公司在過去5年到10年每一年的股利配發的數據，只是想知道這家公司過去配的情況是否穩定或是逐步成長。

若是1年有配息，另1年就沒有；或是某年配得不

錯，來年又變少，這就代表這家公司可能獲利不穩，也許不算是一家值得長期存股的好公司。依此原則，剛上市或上櫃的公司通常不會出現在我的候選名單中，因為沒有過去多年的成績單作為參考。

配股、配息除了穩定之外，最好是能逐年成長，代表這家公司的營運日漸茁壯。像是大統益在 2009 年每股配 2.4 元的現金股利，經過 10 多年，2024 年配的現金股利已提高到每股 6.6 元，應該算是很不錯的存股標的。可惜的是，近幾年都等不到比較便宜的打折價，持股數也就停在那裡幾年了。

獲利能保持至少穩定成長，對於配發股票股利的公司來說特別重要，因為公司的股本會隨之膨脹。若是來年的獲利成長沒有相對跟上，營運利潤會被稀釋，能配出的股利就會縮水。玉山金是我的核心持股之一，它這幾年都有配發股票股利，使得其資本額大幅增加，也讓我持有張數成長不少。除了 2022 年因疫情和美國暴力升息的影響下，金融股表現都很疲弱之外，這幾年下來，玉山金的表現還是讓我頗具信心。

1-4

從生活中找投資商機 新增3檔持股

「老狗學不了新把戲」，這句老話對我也是很適用的。每次接到通告上節目都是講那幾檔股票，要不是主持人堅持，我自己都有些膩了。

我主要是持續加碼原有的股票，但看到不錯的標的，也會趁機買進。前幾年，我就分別新增裕融（9941）、大成（1210）和王品（2727）這3檔持股。

新增持股1》裕融

裕融是我觀察了一陣子的標的，它和中租-KY（5871）、和潤企業（6592）是類似的租賃公司，目前被市場稱為「租賃三雄」，都是靠出租汽車或其他機具融資為主要業務。我最早是在2018年買進，

表1 **裕融2019年配發5.5元現金＋1元股票**

裕融（9941）2015～2024年股利變化

年度	現金股利（元）	股票股利（元）	股利合計
2015年	5.10	0.00	5.10
2016年	4.72	0.00	4.72
2017年	4.81	0.00	4.81
2018年	5.90	0.00	5.90
2019年	5.50	1.00	6.50
2020年	4.50	1.00	5.50
2021年	**4.70**	1.50	6.20
2022年	**5.50**	1.70	7.20
2023年	**5.60**	1.00	6.60
2024年	**6.10**	0.00	6.10

2021～2024年現金股利逐年成長

註：1.年度為股利發放年度；2.股利四捨五入至小數點後2位　　資料來源：XQ全球贏家

隔年發放的現金股利是每股 5.5 元（詳見表 1），當時股價約 85 元，換算殖利率有超過 6%。於是我按照往例先買 1 張，打算等再跌一些繼續逢低承接。

沒想到人算不如天算，和多年前買大統益（1232）時的狀況一樣，買進後沒再等到更便宜的價格。更扯的是，當時根本沒看到還有配發每股 1 元的股票股利，

否則我應該在那價位不只買 1 張的。後來碰到 2020
年新冠肺炎疫情大跌，我在股價 90 多元時又補了一
些。經過這幾年，裕融已經滾成 1 顆 31 張的小雪球，
把股票股利也算進去，帳面平均成本是每股 62 元。裕
融在 2022 年 4 月股價創下 254 元的歷史新高後，
股價明顯回挫。近年租賃三雄也都碰到了大環境上的
經營困境，股價陷入低迷。

儘管如此，裕融在 2021 年到 2024 年都配出年年
成長的現金股利，讓我還是能有不錯的股利入帳，目
前持續關注中。在營運沒有完全恢復前，先暫時按兵
不動。

新增持股2》大成

幾乎每個週末，我都會收看《台灣真善美》或《一
步一腳印　發現新台灣》等這類型的節目，除了溫馨的
人情故事之外，有時也會介紹一些產業的現況與發展。
其中，大成企業開始發展一條鞭式雞蛋產業的相關報
導吸引了我。

　　簡單説，是大成與雞農簽契約，從改善雞舍的環境開始，到由公司的冷藏貨車收蛋至工廠洗選後送至各賣點；也就是從養雞場到超市貨架上，一貫化作業全部不經他手。那時讓我覺得，這應該會讓這家傳統產業的營收有加分效果，而開始關注它的股票，我大約是在 2020 年開始種大成這棵樹，買進均價 46.77 元。

　　大成是食品大廠，過去 10 年獲利和配股配息穩定（詳見表 2），也是油品大廠大統益的大股東之一。大統益這幾年的股價一直居高不下，讓我沒機會再逢低增加持股；與此同時，有關大成的消息卻不時地出現在財經新聞中。

　　2020 年《商業周刊》也曾報導：「去年（2019 年），雞蛋產業龍頭寶座也悄悄易主，過去台灣最大農畜飼料廠、集團營收高達 770 億元的大成集團，布局市場短短 6 年就搶下 8% 市占率。」

　　大成目前算是我的衛星持股之一，帳面的獲利也還勉強可以，現在每年領到的現金股利來買大成自家的

雞蛋還有找。我都是在附近的家樂福超市買大成的冷藏蛋，肥水不落外人田，都算是自家的公司；而且在路上看到大成運送的貨車，總是讓人有著愉快的一天。前些時的缺蛋危機，更是讓我對這種企業化的科技生產方式信心倍增。

近年的新聞還有大成和統一（1216）等公司，開始跨足原是外商壟斷的寵物食品市場。這幾年與寵物有關的新興行業，如雨後春筍般地出現在各街頭巷尾，讓原本受疫情衝擊的低迷景況回春不少。寵物不一定常生病，但寵物天天都要吃喝，毛小孩在少子化的當下，便成了一個巨大的商機。

以前寵物的食物多為進口，現在統一和大成也先後搶進這塊逐日成長的大餅，在地廠商插足寵物食物的市場，應該是很有主場優勢；再加上大成的股價還算親民，順理成章地成為我存股名單中的一員。

雖然目前還未能看到顯著的成效，但是給了我一些想像的空間；希望未來的表現能符合期望，至少每年

表2 近10年來，大成穩定配發股利

大成（1210）2015～2024年股利變化

年度	現金股利（元）	股票股利（元）	股利合計
2015年	1.00	0.00	1.00
2016年	0.70	0.00	0.70
2017年	1.50	0.00	1.50
2018年	2.00	0.70	2.70
2019年	1.50	0.50	2.00
2020年	2.20	0.00	2.20
2021年	2.70	0.30	3.00
2022年	1.50	0.50	2.00
2023年	1.50	0.00	1.50
2024年	2.22	0.00	2.22

註：年度為股利發放年度；股利四捨五入至小數點後 2 位　　資料來源：XQ 全球贏家

有免費的雞蛋吃。

新增持股3》王品

疫情剛發生時，股市全面下跌，觀光餐飲股更是重災區。當時台灣的疫情還沒蔓延，一個偶然機會去大賣場順便用餐，看到兒子常提的「石二鍋」，久聞大

名而決定去嘗鮮。沒有等多久就入座，兩老點了「菜多多」，整個用餐過程讓人感覺不錯；不久之後，再想吃火鍋時都去石二鍋報到，但是每次都因排隊要等太久而作罷，其中 2 次改吃隔壁的三商巧福，實在是太餓了，而且它的酸菜很不錯。

我的「石二鍋之緣」就此打住，並將注意力轉到王品的股價，那時王品跌到每股約 60 元上下，餐廳生意這麼好，應該是谷底了吧。觀察了一陣子，在 69 元時先買 1 張，打算等有便宜價時再加碼。沒想到 2009 年的大統益事件重演──買進後再也沒有更低價了。

扯的是，王品股價回漲得又快又急，讓我的第 2 張始終買不下去。後來靠著配股票股利，多了 99 股，今年則是補了些零股，至今共擁有 1,200 股。看樣子，我只好讓我的王品慢慢地成長吧！不過令人可以拿出來說嘴的是，剛買進王品時，上了一個通告，在節目中提到這檔股票，當時得到其他來賓異樣和同情的眼光，好像在說：「什麼時候了，居然還有人提起餐飲股？」現在記得的應該只有我一個人吧！

股神巴菲特（Warren Buffett）曾說：「你買的不是股票，你買的是企業的一部分。」記得我還持有中鋼（2002）的時候，曾載著學校的交換教授去墾丁出遊，路上經過中鋼，我很驕傲地向他介紹那是「我的公司」，當然那時候我只是千百萬小股東之一。

我就是抱著這種心態在買股票，所以當我長期持有這些公司的股票期間，覺得自己會和這些好公司一起成長。家裡開的車不是裕隆（2201）的，就是中華汽車（中華（2204）），2輛車都吃台塑化（6505，台塑轉投資）的95無鉛汽油；採購日用品就盡量去家樂福（統一轉投資），而不是全聯；買的不是大成的雞蛋，就是小七（統一旗下7-ELEVEN超商）的茶葉蛋；2024年過年家族聚餐是在王品旗下餐廳「聚」吃火鍋，1個月前就要訂位，生意還真的不錯。

其實這不只是照顧自家公司的生意，也是順便觀察營運的情況。就像是我很少喝星巴克，但是每次經過時都會刻意放慢腳步看看裡面的情況，它的生意還真不錯呢！

1-5

分散風險
打造能應對一切的投資組合

巴菲特（Warren Buffett）曾説：要「打造能應對一切的投資組合。」我的理解就是，買股票不要都集中在某一家公司，將命運與公司綁在一起，這樣會承受很大的風險。

最有名的例子就是美國的能源公司安隆（Enron），這家公司的許多員工將畢生的積蓄都投資在自家公司，後來公司破產了，大家也都跟著同歸於盡。「不要把雞蛋放在同一個籃子裡」，就是在闡述這個概念。

持有的個股及其產業皆要分散

也有人説，「把所有的雞蛋都放在同一個籃子裡，然後把籃子顧好。」要做到這點的先決條件是你的籃

子要夠堅固，也就是你投資的公司，真的能像可口可樂（Coca-Cola）那樣屹立不搖才行。

幾年前，我還認為中鋼（2002）是這樣的公司，但是這1、2年的表現倒像是鐵達尼號。所以最穩當的方法，還是要能有個能「應對一切」狀況的投資組合。這裡不是說追求穩賺不賠，畢竟天底下應該沒有穩賺不賠的投資組合吧？應對一切的意思是，相對其他公司，這個組合中的成員，更能承受經濟不景氣的衝擊，以及能做出更好的反應，也是在大環境下能適者生存的那一類公司。

食、衣、住、行4大需求，「食」是重中之重，「民以食為天」。不管大環境是好是壞，大家每天還是要吃三餐過日子。體質健全的食品公司應該是能夠面對各種經濟狀況，不論是經濟蕭條或通膨。

另外，銀行金融業也幾乎是經濟活動中不可或缺的一環。只要有資金的需求，借貸雙方都還是要靠銀行金融業來居中媒介。只要它們風險掌控得宜，相對其

他行業，銀行金融業算是很穩當的。也是基於這個概念，食品和金融成為我的兩大核心持股，每年提供不菲的股利，也讓我從容面對各種股災而處變不驚。

巴菲特的老師葛拉漢（Benjamin Graham）也說過：「防守型投資人應分散投資，但不要過度分散。應投資財務穩健、穩定發紅利的公司。」我的持股是以食品股、金融股為核心，再來是化學材料與電子股，應該是沒有太分散（詳見圖 1）。要碰到這幾種類股同時出狀況，機率應該不大，除非是世界經濟出大問題。

還要提醒大家，分散投資時，要記得分散產業。有人同時買了好幾家金控公司，自認為是分散投資。其實不然，若是碰到金融危機，可能無一倖免，並未能有分散風險的效果。

不須為了分散風險，刻意新增持股

我採取的分散風險策略是，雞蛋多的籃子要顧好，不會刻意為了分散風險而去任意多添幾籃不怎樣的雞

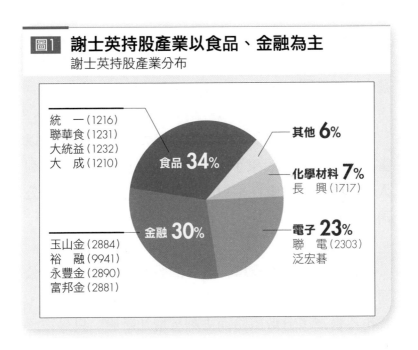

圖1 **謝士英持股產業以食品、金融為主**
謝士英持股產業分布

統　一（1216）
聯華食（1231）
大統益（1232）
大　成（1210）

食品 34%

其他 6%

化學材料 7%
長　興（1717）

金融 30%

電子 23%
聯　電（2303）
泛宏碁

玉山金（2884）
裕　融（9941）
永豐金（2890）
富邦金（2881）

蛋，甚至是鴨蛋或鳥蛋。對我來說，增加已有好公司的持股，可能和找到值得投資的新標的同樣重要吧！

　　曾經有幾檔好股票出現在搜尋雷達中，卻又沒有機會買到，像是台達電（2308）、巨大（9921）或台積電（2330）等，這些都是值得存股的好公司，若是其股價跌到了合理價位時，我會開始買進且逢低再加

碼。可惜的是，這幾家的股價都一直居高不下，沒有出手的機會。可能要等到股災，但又不希望股災常常發生，糾結啊！

現在買零股很方便，一次不用花太多資金，就可以當這些高價股的股東了。等今年（2024年）的股利入袋後，我也考慮在相對的低價時，買一些高價好公司的股票，即使是以 100 股為單位慢慢存。

總之，我還是會繼續存原有的股票，有不錯的好公司也會加入我的存股名單中，沒有必要去自我設限。我也不會為了分散風險而去刻意增加新股，只是按照既有的方法和紀律去執行。

1-6

5類型股票
絕不納入存股名單中

　　我是 4 年級生，成長在物資缺乏的年代，那時候的高雄左營眷村裡，腳踏車是基本的交通工具。晚上 8 點，許多家庭都圍繞著收音機聽中廣的廣播劇，沒錯，是只有 AM（調幅）的真空管收音機。

　　接著是黑膠唱機，蔡咪咪的五花瓣合唱團出的唱片幾乎是每家都有，應該是那年代最暢銷的專輯吧！電晶體問世後，FM（調頻）收音機、卡式和八軌式錄音帶取代了黑膠。又在更短的時間之後，CD 接管了音響世界。

　　現在進入了智慧型手機的時代，我們都是一機在手，音響、手錶、錄放影機和照相機等功能全部「一機搞定」。不知進入 AI（人工智慧）時代後，又會有哪些

革命式的改變？

　　這段懷舊的敘述，是在說明某些產業在科技突飛猛進的大環境之下，產品的壽命愈來愈短，若沒有後繼的明星產品接替，企業很容易被淘汰。現在誰還記得當年做錄音帶的龍頭？連柯達（Kodak）都早已鞠躬下台了，若是 30 年前投資這些當時的「好公司」，現在可能已經銷聲匿跡了。因此，生命週期較短的產業，不會符合我的「好公司」長期存股條件。

　　存股，就是要每年能夠穩定的領股利，而且公司營運穩定的逐年成長。以下幾種類型的股票，不在我個人搜尋雷達內：

類型1》剛上市或上櫃的股票

　　剛上市或上櫃的股票，通常都會對未來有美好且樂觀的預估，但是沒有過去的成績可以參考，我就持保留的態度暫時不碰。就像是小學 1 年級剛報到的新生，沒有太多的紀錄作為參考，做老師的應該不能僅憑第

一印象，就鐵口直斷這學生未來的表現。

　　因此這類股市的新兵，盡量不碰為妙。個人的資金有限，我們不是創投，創投的資金雄厚，可以容忍比較高的風險，也會有很高的獲利率。小資存股族應該是追求穩定、且要有比定存要高的獲利率，把風險降到最低，即使一時不小心被套住，時間仍會還公道。

　　幾年前的生技概念股，如浩鼎（4174）和高端疫苗（6547）應該是不少人心中的痛吧？生物科技是值得發展的產業，一旦研發成功新藥，上市後也是高毛利的產業。然而一個新藥研發時程非常冗長，創投基金投入時好像是放長線釣大魚，一般小投資人買這種高本夢比的股票幾乎像是在買彩券，獲利機率很低，尤其是跟著大家追高，能全身而退就算是幸運了。

　　浩鼎上櫃時，新藥一期實驗尚未解盲。一期通過後，還有二期和三期實驗。全部順利通過後，可向美國食品藥物管理局（FDA）申請藥證；拿到藥證後，才可上市並向醫院推銷。整個過程動輒要耗掉數年光陰，

不適合我們一般小投資人拿來當存股的標的。

浩鼎在 2015 年 3 月時，以 310 元由興櫃轉上櫃，掛牌交易後股價飆漲，多少人把持不住而跟著投資大眾搶進？會買進浩鼎的一般投資人，應該都是抱著賺價差的心態，心想在國家政策支持之下，其股價應該會一直飆漲。沒想到漲到 700 多元後，就開始如自由落體般地迅速降落，如今股價只剩下 2 位數了，這一路上應該是屍橫遍野吧！

那時我秉持著自己的存股原則，不趕潮流，也勸過身邊的朋友，有人聽進去，保住了褲子。但還是有 2 位朋友，都是在我苦勸之下仍堅持去搶這股生技財，結果是一位賠光了積蓄後銷聲匿跡、音訊全無；另一位及早認賠出場，轉進到一家績優的公司，幾年的配股配息後，算是還有小賺一點回來。

在新冠肺炎疫情肆虐期間，高端疫苗好像又重演了浩鼎的老戲碼。在飆漲到 400 多元後，股價暴跌到與浩鼎成為難兄難弟。且高端疫苗從上櫃以來到 2023

年，除了 2021 年有獲利，其餘年度都在虧損。

雖然衷心希望我們的生技產業能像晶圓代工產業那樣，成為另一座護國神山，但在它們未能穩定獲利前，不會出現在我的存股名單中。

類型2》獲利不穩的或配息起伏不定的股票

在存股時，我會注意當年的營運績效和來年配息的預估，同時，過去 5 年到 10 年的配息數字也是重要參考的依據。從這些數字中，是希望看到穩定且逐年成長的趨勢，代表著公司的營運是符合預期的。像是統一（1216）或大統益（1232）就是這樣的資優生，而中鋼（2002）和年興（1451，紡織廠）這幾年的表現卻像是墜入凡間的仙子，不知何時才會重返榮耀？

類型3》經營團隊有爭議的股票

經營團隊的領導品質決定了一家公司的表現。大環境再好，若是領導團隊出了狀況，或是團隊經常更換，

都會影響到業績表現。

老一輩兢兢業業的創業，建立了輝煌的經濟奇蹟；隨著時間的過去，公司總是要碰到朝代更替或是交棒的問題。相對於台塑（1301）集團和統一集團，順利由年輕一代接棒並維持著營運不墜，大同（2371）集團就顯得風波不斷，甚至被外力介入而甚至使得本業停滯不前。像是這類碰到接班問題的公司，我就不去湊熱鬧而敬謝不敏。

類型4》尚未有實際獲利的「概念股」

每隔一段時間就會有所謂的「概念股」，在各媒體上輪流上台接受股民們追捧，就好像追星族在跟各自的偶像一般。從過去的 3D 列印概念股、綠能概念股，到近幾年的元宇宙概念股、軍工概念股、生技股、AI 概念股、航海王概念股、低軌衛星概念股⋯⋯等，都在短時間內輪流造成一陣跟風與買氣。大家搶短甚至玩當沖，每天成交量都是天量。這些概念股中，我正好有幾檔電子股與 AI 相關，都也是持有好多年的老股，

突然黃袍加身，股價漲得令我有些詫異。

葛拉漢（Benjamin Graham）有句名言：「市場總是會低估那些不熱門的公司，正如會過度高估那些熱門的公司。」當潮水退去後，應該有不少散戶發現自己的褲子不見了吧！

投資股票不是在追星或捧網紅，是要選擇優良公司，參與公司的成長和分配獲利，兩者完全不同，有時是「雖千萬人吾往矣」，要敢於與眾不同。

巴菲特（Warren Buffett）也說過：「市場就像個大賭場，別人都在喝酒。如果你堅持喝可樂，就會沒事。」簡單說就是「眾人皆醉我獨醒」，老話一句，但在股市中還真是管用。若是想在股市中長期穩定獲利，真的要有獨立思考能力，不要隨便跟著大眾起舞，至少要經過自己的邏輯判斷後再採取行動。

幾年前很紅的元宇宙概念股，許多投資人可能連什麼是元宇宙都沒弄清楚，就已經爭先恐後地搶進，膽

子大得好像是幾大杯黃湯下肚，沒在怕的。像我這種只喝可樂的，就會先去研究什麼是元宇宙？有獲利嗎？若不清楚或這個產業有未來但尚未反映在業績上，我又不是做創投的，還是保持清醒，只投資我懂的企業。

類型5》曾經風光一時卻在走下坡的股票

曾經擁有明星產品或獲利率不錯的公司，經常是長期投資人心中的最愛。但是有的因為接班無人、產業陷入低潮，或是沒有後繼接棒的高獲利產品，幾年內都看不到轉機。像是中鋼、年興、太設（2506，太平洋建設）等公司就是有這些狀況，我也順勢減少持股，轉到其他公司。

曾有人說過：「不要跟你的股票談戀愛。」當公司不符合我們長期的期望時，就該壯士斷腕。不過我還留了1張中鋼，保留每年領取紀念品的資格。

1-7
5原因不偏好ETF
多投資自己懂的股票

　　2023 年好像是 ETF 爆發年，販夫走卒人人見面後 3 句不離 ETF，突然變得像是新的概念股，幾乎是人人琅琅上口。一時之間各大投信公司陸續推出多種不同的 ETF，好像之前街頭出現的抓娃娃店一樣，看起來一樣，但又好像不太相同。

　　之前有些邀請我上通告的節目要談 ETF，我都先表明我個人沒有買 ETF。但我也在想，過去那麼多年的時間，我為什麼沒有 ETF？整理思緒後發現，可能有以下幾個原因：

原因1》知道得太晚

　　本來以為 ETF 是一種新的投資工具，結果發現像元

大台灣 50（0050）等知名 ETF 已經推出多年了。「千金難買早知道」，若是剛上市時我就認識它，我可能會試試水溫買幾張來存存，但是相見恨晚，至今仍是空手。現在價格已經水漲船高，也就沒有跟著投資大夥一起湊熱鬧了。

原因2》太熱門反令人卻步

周圍親朋好友，不管會不會英文，都是滿口 ETF。當 ETF 成為顯學，各式各樣的 ETF 好像是大賣場的商品，從指數型、高息型到債券型，國內到世界各地都有，琳瑯滿目的令人反而產生選擇障礙。當大家都在一窩蜂討論的時候，彷彿像是「擦鞋童理論」所形容的情景，也不免讓人擔心市場是否過熱。

原因3》已建立專屬自己的ETF

2023 年～ 2024 年 NBA（美國職業籃球聯賽）球季剛開打，一開始就競爭激烈，刺激地好像是季後賽。市值型的 0050，是選擇台灣上市公司中市值最高的

50 檔股票為標的，應該算是一時之選，就像是一支
NBA 強隊。

　存股超過 20 年的我，在我的存股咖啡園裡也已經篩
選出幾種產量極高的品種了，就像是已經擁有了 NBA
的明星隊，因此我之前也一直認為，我自己的存股組
合也是一種客製化 ETF，應該也沒有必要再用比較高的
價格去買進 0050 了吧！

原因4》買ETF比自行存股的成本高

　台灣各家投信公司不斷地推陳出新，目前在台灣募
集的 ETF 已經有 200 多檔，多到讓人眼花撩亂了。不
管其宣傳廣告寫得多麼動人，發行 ETF 的公司還是要
賺錢的。

　對於 ETF 的投資人而言，不論投資賺錢與否，都要
付出固定的一筆管銷費用給發行的投信公司，只是這
些費用含在淨值當中，可能很多人都感覺不到。若是
能夠自己存股，這筆管銷費用應該可以省下來吧！

原因5》有些ETF會買高賣低

2023 年時的 AI 浪潮，把一些原本不太起伏的科技股給抬上了天。其中緯創（3231）在短短 1 年從最低約 23 元的股價，最高漲到 161 元，其市值暴增了將近 8 倍，也因為市值大增而被納入部分 ETF 的成分股。

如果一些市值型 ETF 的選股邏輯是在公司股價大漲、市值大增後，才錦上添花地將其納入成分股，那麼持有成本一定不低。但投資人自己買賣，應該能選在還沒漲起來時就先買入，再慢慢等它發芽茁壯，更有機會獲利。我的緯創持有多年，平均成本不到每股 25 元，持有至今，1 張沒賣。我在等 AI 產業是否真的能大爆發，希望我的夢想能成真。

另外據新聞報導，有 ETF 將統一（1216）和聯電（2303）納入成分股而大量買進，邏輯相同，投資公司都是買在相對高點。我持有的這 2 檔股票也樂得被這股買盤推著水漲船高。但誰還記得 4 年前（2020年）我在某節目上力推的 16 元聯電呢？當然那時買不

下手的台積電（2330），至今漲得更嚇人。

留意ETF投資策略和績效是否理想

雖然想了這麼多理由，其實 ETF 也是有它的優點，尤其是完全不懂股票、也不想或沒時間去了解的投資人，可能是一個還不錯的選擇。眾多 ETF 有著不同的投資標的，要當心不要挑錯，買進後更要關心 ETF 的投資策略和績效是否理想，可別以為隨便買就能隨便賺啊！在買進前還是要做些功課的。

在撰寫本書的後期，元大投信推出元大台灣價值高息（00940）這檔月配型高息型 ETF。我是將近 30 年前在高雄寶來證券開的戶頭，隨著券商被購併而成為元大證券的客戶，當年開戶的營業員也一直堅守崗位，我們也就變成了多年的好友。

堅持存股的我很少交易股票，因此對這位老友的業績沒有多少貢獻度，這也讓我有些過意不去。當她告訴我 00940 在募資時，我也抱著好奇的心理早早地

參與申購，順便幫她做業績。由於這檔 ETF 號稱是用巴菲特（Warren Buffett）的方法來選股，也讓我有一點想做實驗的念頭，打算用 00940 月配息 ETF 來做對照組，看看是否真得值得投資？以及每個月都有股利入帳，是否真的比 1 年領 1 次要來得好？

雖說投資不要比較，但還是想知道自己使用多年的方法是否能略勝一籌？答案在短時間內不會揭曉。而我送件後，市場掀起的股民認購熱潮是前所未見的，真是所謂的未上演先轟動！不管後續發展如何，左手和右手比，我都應該算是贏家吧！

另外，市場上還有正 2、反 1 等種種 ETF，我並不是很了解，這不是我能玩的遊戲，再賺錢我也不碰。而債券 ETF 的部分，我目前覺得投資債券沒有投資股票來得好，但是沒把握自己的認知是對的。我想，在這本書完稿之後，會去拜讀億元教授鄭廳宜有關債券的書，持續研究研究。

Chapter 2

掌握買賣時機

用殖利率、本利比
估算買進價格

　　存股要成功，第 1 個原則是選到好公司；此外，還需要第 2 個原則，那就是要買到好價格。買進價格決定了存股的利率，買進的價格愈低，代表著存股殖利率就愈高。假使某家公司預定配 5 元現金股利，我用 100 元買進，等於是領了 5% 的利息。但若是碰到大盤下挫，讓我買到 75 元的折扣價，等於是讓利息變成 6.6% 了。

　　存股族當然是要每年都能領到高於一般定存的利息，所以當股價下跌時，不會隨著其他投資人選擇停損，而是在考慮是否要逢低承接，多種幾棵便宜的咖啡樹。這也是所謂「人棄我取」的法則。

　　對於想要長期存股的投資人來說，買到好公司的股

票，就等於降低了賠大錢的風險。若是又等到了一個相對合理、甚至便宜的價格，那就可以安心地每年領股息並陪著公司一起成長。未來若是想要賣股票變現，還會有著可觀的資本利得。

例如 2009 年我用 23 元股價買的大統益（1232），至今已經領了超過每股 60 元的現金股利了。現在股價已經是在 140 元上下，價差達到 509%，獲利不能說不高吧！目前還沒有想要賣出，但帳面上就讓人覺得很興奮了。

殖利率5%為合理價的買進參考點

美國聯準會（Fed）為了打擊其國內通膨，而在 2022 年起開始的暴力升息終於告一段落，並在 2024 年 9 月實施降息。這段期間內，台灣央行採取相對比較保守的利率政策，沒有跟著大幅升息，而是僅小幅升息，維持著相對低的利率水準。

所以我也仍以 5% 的殖利率作為合理價的參考點，

以及 10% 算是便宜價、2.5% 算是昂貴價作為參考點；換成「本利比」，依序是 20 倍、10 倍、40 倍（詳見圖 1）。未來則是看央行的動作，存款利率若是調整，我的合理價買進參考點會隨著做升降。

現金股利＋股票股利的殖利率計算方法

當我們想存股時，預期的殖利率是重要的考量因素，至少要高過銀行定存利率才值得考慮買進。

當公司只配發現金股利時，殖利率＝「現金股利／股票價格 ×100%」，例如某公司每股配 1 元現金股利，當股價是 10 元，換算成殖利率就等於是 10%（＝1/10×100%）。

當公司有配股票股利，和只配現金股利時的算法不同，大家使用的方法也略有不同：

方法1》只算現金股利
大部分是只算現金股利，就將股票股利忽略不計。

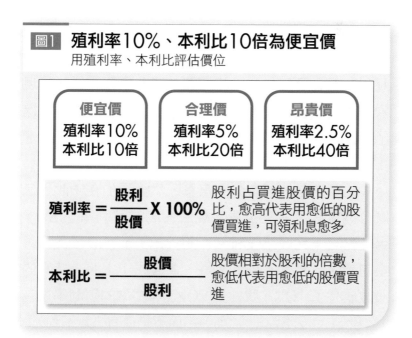

圖1 **殖利率10%、本利比10倍為便宜價**

用殖利率、本利比評估價位

便宜價	合理價	昂貴價
殖利率10% 本利比10倍	殖利率5% 本利比20倍	殖利率2.5% 本利比40倍

$$殖利率 = \frac{股利}{股價} \times 100\%$$

股利占買進股價的百分比，愈高代表用愈低的股價買進，可領利息愈多

$$本利比 = \frac{股價}{股利}$$

股價相對於股利的倍數，愈低代表用愈低的股價買進

方法2》現金股利與股票股利相加後再計算

也有人直接將股票股利與現金股利加在一起再計算。若以裕融（9941）為例，2023 年每股配 5.6 元現金股利，和 1 元的股票股利，相加後是 6.6 元。用股價 200 元為參考，算出殖利率會是 2.8%（方法 1：5.6 元 /200 元 ×100%）或 3.3%（方法 2：6.6 元 /200 元 ×100%）。

方法3》現金股利與股票股利分開計算

我個人的看法是，若是只算現金股利，或是把股票股利和現金股利加在一起去算，殖利率會有低估的現象，讓人誤以為這家公司配發的殖利率不高，而錯過了投資的機會。

我的算法是，兩者分開來算，然後再加在一起。怎麼分開來算？首先，算出現金股利的殖利率 2.8%。另外配的 1 元股票股利，1 張股票會有 100 股入帳，換句話說，原有 1 張的裕融，會變成 1.1 張，持有的股數成長了 10%。我會把 2023 年裕融的殖利率視為 12.8%（＝ 2.8% ＋ 10%），而不是僅有 5% 不到。

除權息後股價會下跌，我也認同股價要能填權息才算數，不過好公司總會填的，時間早晚而已。有時除權息後會碰到貼權息，就像是裕融 2023 年除權息後並未成功填息，我不但不緊張，反而會再多買些便宜的來存。等到未來填權息後，就可在帳面上多賺一些。

2-2
只要股價合理
就是進場的機會

　　不知道何時養成的習慣，我每次買股票時，絕大多數是一次買 1 張。當然在開始理財的初期，因為沒有大筆存款，也只能用薪水慢慢買低價的好股票來存。在零股交易不方便的當年，每股 10 元股價的統一（1216），絕對比每股 90 元股價的統一超（2912）更讓我容易買得下去，當然那時也覺得統一股利配得比較好。

　　後來存股有了一些成績，每年暑假會有股利入帳，我通常不會立刻「全數投入」，而是慢慢地等比較好的價格出現。

　　「價值投資之父」葛拉漢（Benjamin Graham）說過：「不管股票多麼來勁，絕不買高，你才能控制住

犯錯的後果。」對我們存股族而言,買進價格過高,就代表殖利率相對低很多,甚至與銀行定存的利率差不多,持有股票的成本和風險都很高,我個人是寧願去存銀行定存。在 1970 年代,那時銀行的利率超過10%,貸款利率甚至有 15%。讀者應該就知道,那時為何沒有聽過「存股」這名詞,存股族可說是極低利率年代的產物。

股災往往是好公司股價最便宜的時候

巴菲特(Warren Buffett)也說過:「不管是襪子還是股票,我都在打折時買品質好的。」可以知道在他心中,投資股票和一般生活上的消費,並沒有什麼不同。買股票和買襪子,都是用折扣價去買好公司的產品,兩者都是持久耐用。

一般想賺價差的投資人,在股價打折時不太敢買股票,因為怕還會再跌。以過去的經驗來看,每當股災出現時,往往是好公司股價最便宜的時候;這時也會有許多投資人認賠殺出,停損後暫時離開股市,也有

的是一去不返。2008 年的金融風暴算是 21 世紀初的世界級股災，台灣股市也跌到約 4,000 點，整個市場只能用《明天過後》的電影場景來形容。不過，我也是 2009 年初時用 23 元買到了大統益（1232）和 8 元的玉山金（2884），我恨不得能有更多的現金去買進。現在回顧，那時還真的是用跳樓價買到了好公司。

許多投資人買襪子和買股票，是用 2 種不同的心理。百貨公司週年慶時，擠滿了消費者去搶購打折品；美式大賣場好市多的衛生紙打 9 折時，會看到整個推車被裝滿到看不到推車的人。這麼多衛生紙要用多久？又省了幾塊錢？但是股市被腰斬時，只有少數巴菲特追隨者和國安基金會進場撿便宜吧？記得金融海嘯時我要進場，號子（編按：指證券商的營業處所）的營業員還提醒我，當下都沒有人要買股票。

要賺價差的投資人，通常會喜歡股價上下起伏頻繁的公司，至於是不是好公司，比較不會去注意，也不會去在意公司到底有沒有賺錢、會不會配股息等基本面的問題，反正賺到了價差就獲利了結。巴爺爺靠他

的買進原則成為世界名列前茅的富豪之一，我當然是
要站在他老人家的肩膀上去經營我的咖啡園。

不必等待熊市來臨才低價買入

其實巴菲特一開始是用葛拉漢的「菸屁股價值投資
法」，去找那些表現很差的公司，在其股價低於它的
剩餘價值時買進，等公司股價上漲回到合理價時賣出，
賺取這中間的價差，被形容為「只剩還能吸一口的價
值」。

波克夏海瑟威公司（Berkshire Hathaway）原是
一家沒落的美國紡織公司，位於新英格蘭區，巴菲
特在那時以極低的價錢購入後被套牢；後來受到蒙格
（Charlie Munger）的影響，開始轉為投資好公司和
好價格，讓巴菲特蛻變成現在「股神」，也將波克夏
打造成如今的榮景。真的打心底佩服蒙格的真知灼見，
也永遠懷念他老人家。

因此，並不是只有股災才能買股票，像我在 2020

年疫情期間用每股 69 元的低價買了 1 張王品
（2727），至今仍為了只買 1 張而後悔不已，因為
隨著股市快速反彈，短期內再也買不到那麼便宜的價
位了。畢竟股災不是常發生，平常只要看到價格合理，
就是買進的機會。

　　其實，葛拉漢也曾說過：「投資者不必等待熊市來
臨才低價買入。可能更好的辦法是只要有資金就買那
些合適的股票，除非市場價格已經高到無法用成熟估
值來衡量。」只要有資金，就可以用合理的價格多種 1、
2 棵咖啡樹。台積電（2330）是一直想買的股票，但
是其價格讓我一直買不下手。今年（2024 年）可能
用股利先買零股，慢慢地逢低承接，如果有下一本書，
再向大家報告成果。

2-3

持續加碼
用現金股利累積持股數

最近有本財經相關的書，書名是《持續買進》。作為存股信徒的我，也是秉持著持續買進的原則，多種「好」樹，增加原有持股或是栽種新的好品種，像是近幾年來多的大成（1210）、聯華食（1231）、卜蜂（1215）、王品（2727）、華固（2548）和富邦金（2881）等。從一棵一棵開始慢慢種，讓我的咖啡園持續成長。

只要是合乎好公司的標準，幾乎是任何情況都可能會想加碼，先決條件當然是，手邊要有閒置不用的資金。再就是價格至少是在合理區間內，碰到便宜價出現時，可能就打電話給營業員直接下單了。

若是遇到了股災時，像是金融風暴或是這次的新冠

肺炎疫情，就會先戒急用忍，等到跌勢好像接近尾聲，幾乎跌無可跌時會和國安基金一起進場護盤，通常會買到相對的低點。等到大盤回神時，咖啡園的淨值也會隨之快速補回，到超過大跌之前。

記得幾年前疫情剛開始時，接到某節目通告，小編在錄影 1 週前問我資產縮水多少，那時答案是縮了 400 萬元；等錄影的當下，白板上又多損失 300 萬元。主持人還問我為何笑得出來，那時我真的有把握，帳面上的損失會在疫情緩和後回來的，現在事後回想，當時還真的沒有判斷錯誤。

有些剛存股的人會想在買進第 1 張股票後，等股價變得更便宜再加碼，才能降低持股成本。不過只要是好公司，營運與獲利都能逐年成長，每年能分配的股利也隨之增高，股價也應該會漸漸被反映出來，除了碰到股災或某些突發事件，有些好公司股票再也等不到便宜價了。

2009 年金融風暴時，我買到 8 元的玉山金（2884）

和 23 元的大統益（1232），之後再也沒有這個便宜
價位了。

為了持續擴大我的咖啡園，我只要看到合理價就會
繼續加碼，持有平均成本當然隨之增加。不過那只是
個股的買進均價提高了，我的資金成本並未增加，因
我後來並未再投入自己的資金，而是用領到的現金股
利來增加持股數量，未來也可以領更多的股利。由於
每年配發的股利在增加，抵銷了持有成本的增加，整
體獲利並未減少，股票的市值逐年增加中。

在記憶中，買進第 1 張股票後就再也等不到更低價
格的這種不幸的情況共有 5 次：

情況1》第1張大統益買23元，股價愈墊愈高

第 1 次是 2009 年金融風暴後，同事推薦的大統益。
當年預計配發每股 2.4 元的現金股利，股價是 23 元。
那時的大盤應該在 4,000 點上下，先買 1 張試試，心
想等股價下跌後再加碼。

　　天不從人願，和守株待兔的那位老兄一樣，就沒再等到更低的價格了。我的第 2 張大統益應該是買在 26 元～ 27 元之間。之後隨著我領到的股利逐年增加，就將股利再投入買進，但是買進價格也跟著水漲船高了。

　　目前大統益的股價在 140 元徘徊，每股配發 6 元現金股利，換算殖利率不到 5%。沒有合理價出現之前，我也就暫時按兵不動沒再增加持股，只有等著每年的股息入帳。

情況2》第1張裕融買85元，90多元再加碼

　　2018 年以每股 85 元買進了第 1 張裕融（9941），當時覺得它的現金股利還不錯；而後沒有等到更低的價格，這 1 張就陪我過了 1 年。隔年除權息後才發現，當時裕融除了配現金股利之外，還有配發 1 元的股票股利；於是到 2019 年底，我已經擁有裕融 1,100 股。

　　雖然沒有更低價格好買，但是不到 100 元的裕融還是相對便宜，於是 2020 年疫情大跌期間，在每股 90

多元時忍痛增加了 10 幾張，並且在除權息的前一天，用每股 113 元的高價替老爸買進了 10 張。現在回頭去看，選對了好公司，雖然買得不算便宜，但是幾年下來的獲利還是要比傻傻的定存好得太多了。

情況3》第1張王品買69元，再沒等到更低價

2020 年疫情爆發，台股大幅下挫，許多人減少去餐廳用餐，王品也跟著大跌。不過當時台灣的防疫措施做得還不錯，也發現王品的幾家餐廳都在大排長龍，儘管王品第 1 季財報呈現虧損，69 元的股價卻是吸引到我，不可免俗地先買 1 張試試水溫，打算等還有更便宜時再加購。

沒想到大統益事件重演，我就再沒有等到更低的價格。更扯的是，王品的股價回漲的速度驚人，讓我買不下手，就連 2021 年台灣進入三級警戒，禁止餐廳內用，王品的股價最低也還能守住 100 元。2023 年領到了配發的股票，增加到 1,099 股，2024 年再用零股買進，至今個人擁有 1,200 股。

情況4》以10元買統一，被賣掉後高價買回

更早時期也有一次類似的經驗，股票被賣了之後再也沒有出現回檔，讓我有機會用必較便宜的價格買回來。那是在 SARS 疫情接近尾聲時，我用每股 10 元的價格每次買進 2 張統一（1216），慢慢地也存到了105 張。

某天我老爸很興奮地用 17 元的價位賣了 40 張統一，替我落袋為安，並宣稱已經賺了 70% 應該要停利了。從那次起，我就不准他隨意地賣我的股票，但是我再也沒有買到比 17 元更便宜的統一了。現在我又存到了 200 張統一，平均成本是 31 元，這還沒有扣掉歷年領到的現金股利。

情況5》買進華固後，等不到跌破成本價

除了當年有力挺過太平洋建設（太設（2506））之外，個人一直沒有太關注營建股。老爸在生前就一直大力推薦華固，我總是當耳邊風，沒放在心上。當老

爸去做神仙後在懷念他老人家時，突然想到華固，上網查詢的結果是，股價在 90 元，預計要配 7.5 元的現金股利。這完全符合我的合理價，於是按往例先買 1 張試試水溫。令人不意外的是，好像這次又買到了最低價，之後就再沒看到低於 90 元價位了。

更沒想到的是，我買的時間是已經除息過了，於是第 1 年沒有股利入袋，但是股價卻一直上漲讓我買不下手。撰寫這本書時終於領到股利了，2024 年領的是 7.5 元現金股利及 1 元的股票股利，現在我有 1.1 張庫存，但是股價已經漲到又讓我暫時收手了。隨著對父親的思念，我會慢慢地存下去。

2-4

股市創新高時
符合2條件才買股

最近常碰到一些想投資的朋友，他們都認為現在是股市高點。台股大盤指數都過了 2 萬點，還能存股嗎？

首先，我不認為 2 萬點是真正的高點，和 1970 年代相比，現在上市的公司多了好多倍，市值增加，自然將指數墊高了。只看銀行股，現在的價格可能還沒當時的 1/10？所以現在只是相對高一點，應該離股市天花板還有一大段距離吧？

「人多的地方不要去」，避免跟著追高搶短

當大盤指數創新高時，我會盡量理智面對。主要還是看我想投資的標的股價是否合理，如果太高我會觀望，等待其價格回軟，再考慮要不要加碼。因此我還

是有可能繼續買股票，但絕不是因為大家都在買，而去跟著追高搶短。

「人多的地方不要去」，是巴菲特（Warren Buffett）的名言，股市創新高時，停聽看最重要。在百花齊放，股民欣喜若狂之際，有些人氣旺的公司確實在大家的追捧之下，漲到不合理的外太空去了。

巴菲特還說：「價格是你付出的，價值是你得到的。」有些公司甚至還在虧錢狀態，股價卻漲到令人難以置信的天價，完全沒有基本面支持；投資人付出市價買進，到底買到的價值是多少，尚在未定之天，也許會賺，或許被套，股票沒賣出前，可能只有用本夢比來推估它的價值吧？這種股票對存股族來說應該是敬謝不敏，做個旁觀者即可。

當看到股價瘋狂飆漲時，也別忘了葛拉漢（Benjamin Graham）這麼説過：「無論投資看起來多麼令人興奮，永遠不要支付過高的價格，你才能將出錯的機率降到最低。」即使是好公司，付出過高的價格，有可能很

久很久都不能回本。當年用 1,975 元買的國泰人壽，留到現在換成了國泰金（2882），還原多年的股利也不知道回本了沒？我還真的有朋友的朋友被套到現在，都可以當傳家寶了。

在股市創新高時，我會繼續買股的先決條件有 2 個：

條件 1》要有一筆資金正好短期內用不著，或是剛入袋的股利，畢竟閒置的資金放在戶頭裡也沒有利息可言。

條件 2》只用合理或便宜的價格去買好公司的股票，這是我謹守的存股紀律。

若是手中有一筆閒置的資金，放在銀行裡幾乎沒有利息，目前存股可能算是少數安全、且可以對抗通膨的保值方式之一。存到好公司的股票，可以每年都領到股利，像是在股市中當包租公，而且可以免除在房市當房東的煩惱，何樂不為！別忘了存股除了每年都有固定的股利收入之外，放久了還有更好的資本利得。

況且根據過去的經驗，股市指數創新高時，並不代表所有股票的價格都已經到了天花板了。在大家的激情之下，仍有些體質不錯的公司，未能獲得關愛的眼神而仍在相對的股價低點，其中以大牛股居多；如2020年下半年，台股因疫情跌到低點後迅速大漲，當時聯電（2303）股價仍僅約16元，1張才1萬6,000元出頭，對小資存股族來說是負擔得起的。

到了2024年，台股如熱氣球般一直奔上2萬點，但是這段漲幅中並不是百花齊放，而是靠台積電（2330）、鴻海（2317）等權值股在撐盤，許多好公司的股價並沒有漲過頭，甚至沒怎麼漲。

也就是說，在大家怕高處不勝寒時，其實還有許多好公司還在合理的價位且值得長期持有，想要長期投資的人，還是可以按照既有的方法去慢慢地買進，增加庫存。

我的存股是根據巴菲特（Warren Buffett）和蒙格（Charlie Munger）的原則，先是好公司！然後至

少是在合理的價格時才買進。這幾年依然是以殖利率 5%，也就是「本利比」（＝股價／股利）在 20 倍為買進參考點。像是 2020 年時聯電股價 16 元，配每股 0.8 元的現金股利，對我而言就是可以增加持股的時機了，至於大盤的漲跌並不是參考的重點。當年用 16 元股價買進的股票還在，2024 年可以領到每股 3 元的股利，殖利率接近 20%，幾乎是高利貸了吧！

股市陷入瘋狂，仍應維持存股紀律

想要存股的投資者心態和習慣，應該要與一般的投資大眾不同。因為大多數投資人是在賺價差，運用一種完全不同的心態在追高殺低。股市創新高時，通常是人氣旺盛，成交量也隨之創高，玩當沖的也是趨之若鶩。如果我發現大多數的股價都不便宜，會先保持觀望，看看自己股票市值有在成長就好；這時要做的是維持原有的存股紀律，等一個好價錢買進一家好公司，然後擺著等其逐年配息與股價成長。

當沖客和賺價差的投資人，在股市上漲時一定會獲

利了結，許多人立刻犒賞自己。這也就是為什麼號子周邊的下午茶餐廳、名牌奢侈品商店和百貨公司的業績，會和股市的榮枯有著直接的關係，長期來說，這種做法不能產生複利效果。存股族要能忍住短期入袋為安的誘惑，才能等到未來驚人的股利和資本利得的雙成長。

我的核心持股存了好多年，平均成本已經很低了，所以可以領到相對更高殖利率的利息。這裡又要再拿聯電來當作例子，但不是要大家買聯電，而是它 2024 年配每股 3 元股利很好計算。

聯電在 2024 年除息前，股價約在 50 元上下，買了可以領到 6% 的股利。而我手中所有的聯電持股平均成本是 27 元，可以領到約 10% 的現金股利；與銀行定存利率相比，用這個價位存還是可以接受的。當然可能還有其他更好的投資標的，我只是舉例告訴大家隨時可以開始存，永遠不嫌晚！當然當年若是能買到便宜的台積電，擺到現在，利息加資本利得那就更是驚人了。

　　股市愈是瘋狂，存股族愈是要冷靜以對才是。當你用合理價格買進好公司，剩下就等時間來製造被動收入了，真的這麼簡單！

股災來臨時
把握撿便宜的好時機

在我努力用兩指打字撰稿的當下，因美國失業率上升、日本升息、以色列和伊朗爆發開戰危機，台股 1 天大跌約 1,800 點（2024 年 8 月 5 日），創下台股史上最大跌點。股市的起伏是正常的，遇到這種黑天鵝的震撼也是屢見不鮮。所以，想要投資股市的散戶，要能夠有禁得起被上沖下洗的心理準備。

巴菲特（Warren Buffett）說：「不能承受股價下跌 50% 的人，你就不該玩這個遊戲。」若是心臟不夠強大的，最好還是遠離股市，不要沒賺到錢，先將健康給賠出去了。

在我的存股過程中也經歷過幾次股災，其中 2008 年～ 2009 年金融海嘯算是最慘烈的一次。那時我

的資產從 2,000 萬元腰斬再腰斬到 750 萬元，超過 50% 了。當時來不及反應，就只好順其自然，心想世界的經濟不應該就此一蹶不振吧！

　　還好是經過那次震撼教育後，我的心理素質變得更強，讓我能更從容地面對大大小小的股災，並從中撿出被大盤拖累錯殺的好股票，用打折價來增加持股，並冷靜地等待股市回到正常的軌道上。因為我發現，當好公司碰到了衰事，就是買股票的好時機；而有時股市進入熊市，百股齊跌，盤面一片慘綠，股市名嘴幾乎異口同聲地要股民停損殺出，保留現金。事後回頭看，在大家喊逃的同時，不是每家公司的表現都不好，有些好公司只是被大盤拖累而被錯殺，大家逃命時卻是那些好公司的最佳買點。

　　記得在金融海嘯時期，大盤被拖累至 4,000 點左右，玉山金（2884）股價最低跌至 6.23 元，大統益（1232）是 20 元。現在（2024 年 9 月 30 日），玉山金股價 28.05 元，漲了 3 倍多；而大統益股價來到 149 元，更是暴增了將近 6 倍多。

還有幾年前，大統沙拉油爆出了食安事件。瞬間株連九族，所有的食品股都下跌。名稱多一個字的大統益也被拖累，那時好像跌到 60 元出頭。我有朋友當天將他的大統益全部殺出，空手至今。我是在確認大統益本身是沒問題後，又買進了幾張，至今再也撿不到低於 70 元的大統益便宜價了。

另外，在新冠肺炎疫情期間，擁有壽險的金控公司先是碰到了理賠的損失，造成某些金融股業績大傷，再加上美國聯準會（Fed）的暴力升息，讓所有的金融股一起受傷打擺子。不過這些衝擊都是短暫的，絕大部分的金融業在 2023 年都回復了元氣，2024 年的配股配息都能讓投資人雖不滿意，但可以接受。當然希望未來會更好！

市場的恐慌可以為好公司創造好價格

台灣奇美集團創辦人許文龍曾說：「跌倒別急著爬起來，看看有沒有寶可以撿。」這也適用於存股族，當大盤重挫時，別急著跟大家殺出，雖然更有可能是

瘋狗浪,來得又急又猛,想跑也可能跑不掉。

　我個人經過幾次大股災,還真是像這句話所說,既然跑不掉,就趴在地上撿別人不要的寶。當眾人在躲掉下來的刀子時,我們可以撿到上天給的禮物。不然現在去哪裡買得到 8 元的玉山金、23 元的大統益,以及疫情期間 69 元的王品(2727)?當時只怪口袋太小,沒法裝太多的寶物,否則現在講話會更大聲。

　葛拉漢(Benjamin Graham)曾說過:「市場的行為愈愚蠢,投資者就愈有機會。」「聰明的投資者應該認識到,市場的恐慌可以為好公司創造好價格。」當大多數的股民在非理性的思考,甚至於根本沒在思考,只是跟著各種來歷不明的小道消息而起舞時,股市就會脫離正常的軌道,不是漲得離譜,就是跌得沒有道理。

　市場最恐慌時,大家會競相賣出股票以減少損失,若是透過程式交易觸發停損機制時,股市還可能在瞬間下殺。為了落袋為安,好公司也會被賣掉,平時看

不到的便宜價在這時便會出現，這就是理智投資者開始摩拳擦掌，準備撿便宜的機會，站在大家的對立面就準沒錯。

也要留意，在股災時，營運不佳的公司，反而會是天上掉下來的刀子，再便宜也接不得。2000 年代初網路泡沫時，許多網路公司從天堂墜入凡間，下地獄後就再也無法超生了。但是那些被拖累的好公司卻是上天賜給的禮物，要勇於笑納。

2-6

出現3情況
考慮賣出持股

存股就像滾雪球，買進好公司、持有、買更多；想要能滾出大雪球，就需要一個很長的下坡，也就是時間。每年將領到的股利再投入買股票，多存一些，讓時間去產生複利效果，利上滾利。

持有一家好公司，它的股價會隨著公司的營運成長而跟著逐年水漲船高。統一（1216）在 2000 年代初期，股價在 10 元上下徘徊，到了 2024 年，最高漲到 90 元以上。

作為長期股票持有者，除了每年的股利入帳，還有更可觀的帳面資本利得。當然我目前還是沒有要賣出任何 1 張，這種好股票也許可以留給子孫繼續去滾雪球吧！像統一這類長期成長的好公司我還有好幾家，

同時滾出好幾個大大小小的雪球,讓人不亦樂乎!

同樣像是巴菲特(Warren Buffett)持有的可口可樂(Coca-Cola)股票,好像是只進不出。但是任何規則都可能有例外,遇到以下情況,我還是會考慮賣出股票,而不是死抱著不放:

情況1》公司營運轉壞時賣出

在競爭激烈的市場裡,公司的營運也一定會受景氣、大環境的影響而有所起落。洪瑞泰曾說過,好學生偶爾也會考得不理想,但仍是好學生;不過,也有交到壞朋友或學到了壞習慣,而變成了問題學生。

在公司營運出了問題時,我們要去判斷,這是不影響長遠營運的偶發事件?還是公司不論是在管理上或產品上出了嚴重的問題,導致這家卓越的企業變成一家平庸的企業,甚至有可能慘遭市場淘汰?

簡單說,投資人要判斷這家公司是一時考不好的好

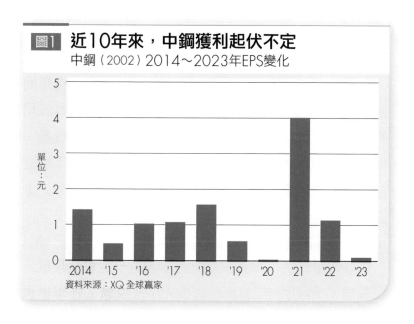

圖1 **近10年來，中鋼獲利起伏不定**
中鋼（2002）2014～2023年EPS變化

資料來源：XQ全球贏家

學生，還是已經變壞的壞孩子了。若是後者，存股族
就該壯士斷腕，將這家公司的股票賣出。

中鋼（2002）曾是存股族心中的模範生，但是最近
幾年的營運起起伏伏，獲利變得不是很穩定（詳見圖
1），換算成殖利率也多在2%～4%之間徘徊。我有
位同學在中鋼退休後，將養老的股票賣出，而並未留
著每年領利息，這對我來說就是一種警告訊號，代表

在可見的未來，中鋼再變成好學生的機會不大了。

曾經是牛仔褲大廠的年興（1451），這幾年也是面臨市場萎縮和公司傳承轉型出了狀況，並反映到公司的財務狀況上。幾年前減資後，獲利並未隨之成長，也顯示出每股的獲利是在打折，年興在 2023 年也宣布要將位於台灣的紡織廠收掉，將產線集中到海外廠區，整個企業好像已近黃昏，卻沒有無限好的夕陽。所以，我也將年興放到畢業名單中了。

大同（2371）一直是國貨之光，大同電鍋幾乎是家家廚房的基本配備，當年的出國留學生也是人手一個拎著登機。民國 70 年（1981 年）赴美留學時，我心想那時美國應該有很多二手電鍋可以撿便宜，省去攜帶的麻煩。果不其然，等拿到學位要回國時，我也留給學弟妹 3 個電鍋，其中一個還沒開箱。

大同電扇也是堅固耐用到出名。大二暑假時在台北榮總工務室打工，緊急發電機旁的散熱電扇，聽說連續吹了好多年都沒有出過狀況。在沒進股市之前，大

同這個品牌就已經烙印在心中，再加上林挺生老董事
長對教育的熱愛，讓我在早期就成為大同的股東了。
然而因為老董事長辭世後，接班的經營團隊問題層出
不窮，我就與大同說再見了，因為買進的理由消失了。

　　相對的，台塑集團並未因為創辦人兄弟先後離去，而
有任何在經營上出現狀況。我早年買的台塑（1301）
和南亞（1303）股票 1 張未賣，當年買進的理由並未
消失，所以繼續持有。2024 年塑化工業受到大陸產
能開出且低價競爭下，「台塑四寶」的股價幾乎腰斬，
跳船的人應該不少。不過，個人對台塑家族的應變和
創新的能力很有信心，覺得目前好學生的本質仍在，
所以暫時觀望。若是有好轉的跡象，會再逢低加碼。

　　而遇到公司轉差，讓我不想再持有時，會盡量在股
市比較熱時賣出，可以多回收一些資金。但是賣出股
票後，也不一定要馬上買進其他股票，會遵循我的存
股原則，選擇好的目標和價位再買。

　　例如可選擇股價在相對低檔，換算殖利率在 5% 上

下的合理價位,都應該是可以考慮轉換的標的。尤其是在接近配息前,只要是好公司,股價稍高一點也可以考慮。

像是 2023 年暑假配息前的統一股價約在 75 元上下,換算殖利率並不算是便宜,但是沒多久就有股利入袋,再多擺 1 年就又可以領 1 次股利,2 次加起來超過 6 元,算一算還是比放在銀行裡好得多。再加上過去 20 多年來,統一的股價隨著其營運成長而緩步上揚,在我寫這本書時,股價已經超過 80 元,甚至來到 9 字頭。

情況2》出現更好的目標時換股

我的存股歷程中,發生過 2 次換股的狀況:

1. 那時我將價格稍高的中鋼換成股價比較便宜的玉山金(2884),若比較 2 家公司的配息,2023 年玉山金配得較高。金融股通常比較不受景氣循環的影響,玉山金未來的前景也比中鋼要來得更樂觀些,不過這

純粹是個人的大膽預測。好家在，2024年入帳的股利，證明這次換股算是成功的。

2.另一次是2022年，各家公布將要配發的股利後，我發現富邦金（2881）配得要比國泰金（2882）大方一些。2家金控的表現旗鼓相當，股價也相差有限，於是我就在除權息前，將原有的國泰金部分換成富邦金，將入袋的股利再稍微增加一些。

這也是我賣股的原則之一，當有更好的目標時，卻沒有多餘的資金可用時，只好將表現差強人意的股票換成更好的公司，來增加股利收入。

情況3》本利比超過40倍出場，待回檔買回

存股時，我會用股票和定存來比較，若是股票的殖利率已經和銀行定存利率差不多，甚至比定存利率更低時，那就還不如存銀行的風險較低，這時我可能會考慮將股票賣出，等股價回檔時再買回來，只是到目前為止，我都還沒有因為股價漲過頭而賣出過股票。

台積電（2330）在 2024 年預計要配 13.5 元的現金股利，若用 600 元的股價來換算其殖利率是 2.25%，和國內定存利率差不了多少。若和美國動不動就是 4% 起跳的利率比較，台積電的股價已經是太貴了，難怪有一段期間外資大賣台積電。但是台積電是成長型的公司，大概不能單純用殖利率來評估，這下台積電漲到 1,000 元以上了，後悔的不只有外資吧？

我是將「本利比」（＝股價／股利）訂為 40 倍，也就是換算成殖利率 2.5% 時，作為股價「太貴了」的參考點。我持有的股票大多有漲，但是從沒有貴到本利比超過 40 倍的。直到 2023 年飆漲的緯創（3231），讓我陷入了天人交戰。

我看到本來不太動的緯創，突然被 AI 的狂潮推到了 150 元的天價，以 2023 年配 2.6 元現金股利來算，本利比已經超過 50 倍了。按照我遵循的原則，我應該是要賣出的，等股價冷卻回檔時再買回來。

理論歸理論，但那時心中還在想，應該會漲過 160

元吧？一點貪念迅速地被股市潑了一臉冷水，沒有多久緯創就回到了 100 元上下。現在給自己的解釋是，真正的 AI 獲利還沒有爆發，誰知道現在的緯創不是當年 100 元的台積電？更何況我的持有成本是 25 元，應該很有本錢等未來的 AI 大爆發吧！

雖然自己也沒做得多好，但還是要提醒投資人分清楚股價是漲了或貴了。對賺價差和波段的投資人來說，股票漲了就賣是很正常的；不過，對於想要存股滾雪球的股民來說，好公司的股票漲了就賣，往往就買不回來了。

當年被老爸賣掉的 17 元統一，就再也沒有機會用更低的價錢買回來了。所以，一定要知道你的股票是漲了或貴了，買賣不要太過頻繁，徒增交易成本和浪費時間。

發現錯殺好股票，慢慢認錯買回

在打理我的咖啡存股莊園時，無非是想要多用較低

的價格,去種一些收成好的品種(好公司);產量變差的品種,不是淘汰掉就是不再增加數量。

疫情的這幾年間,我有試著減少一些公司的持股,並增加業績表現不錯的公司股數。現在回顧,好像成功和失算各占一半。

有成果的是,換到的公司或是增加持股數的,都對股利和淨值有所貢獻。失算的是,當初判斷有 4 家營運不振而減少持股的公司,有 2 家只是一時沒考好的好學生,讓我有錯殺的悔意。

其中之一是裕隆(2201),當初因為新店裕隆城要開發而增加持股,後因嚴凱泰董事長的驟逝和新店裕隆城開發延宕,所以我轉移了部分資金去投資別的公司。沒想到繼任的嚴陳莉蓮董事長,發揮她當年中華女籃隊長的領導魅力,不但完成了新店城的開發,且踏進了電動車的領域和鴻海(2317)策略聯盟,裕隆股價又慢慢回升,實在令人激賞,又讓我有悔不當初的感覺;另一家是中華(2204,中華汽車),好像是

同一個劇本，讓我跌破了另一副眼鏡，同樣失悔不已。

　　現在我已經進入認錯模式，開始再重新逢低將 2 家股票慢慢地買回來，繼續長期持有，現在當然離我的核心持股數還有很大的距離。不過，存股本就是如此，急不得的。目前看起來，賣掉後尚未失悔的 2 家是年興和中鋼，前文中有提到，在此就不再贅述了。

存股變飆股
須判斷有無業績支撐

喜歡存股的人,多半是享受其穩穩或慢慢上升的股價,安心的每年領股利,但是也有些存股標的,會突然變身成「飆股」。

在短時間內股價大漲,可視為飆股

首先,給飆股下個定義吧!當 1 檔股票在「很短的時間內」股價漲了許多,我將之視為飆股。從存股的角度來看,我們持有的股票經過多年後,會隨著公司營運的成長而反映到股價上,但這都不是在以週或月來計算的短時間內發生的。像是我的統一(1216)是用了 20 多年,從股價 10 元龜速地慢慢爬到 80 多元,應該不是飆股。大統益是從 2009 年的 23 元,來到 2024 的 140 元以上,對我而言已算是「準飆股」了。

要找到好公司，再等一個好價格買來長期持有的投資方法，應該是和飆股絕緣的。但是人算不如天算，這 2、3 年還真的讓我碰到了飆股，也讓我陷入了天人交戰的抉擇中。

在新冠肺炎疫情發生時，我用 69 元先買 1 張王品（2727）來試水溫，心想也許還有更低價錢的便宜可撿。沒想到看好王品的不只我一人，到了 2021 年 4 月竟就上漲到超過 180 元；更沒想到的是，同年 5 月疫情升溫，台灣宣布三級警戒，不准餐廳開放內用，觀光餐飲業成為重災區，這波衝擊讓不少店家拉下鐵門，有些甚至永久歇業。

無法置身事外的王品，2021 年繳出了上市以來第一次的虧損成績，當然隔年也無法配發任何股利，那時等於沒有本利比，只有本夢比。這時按照咖啡園賣股原則之一「太貴了」，應該是要賣出了，或者說已經是遠超過太貴的價格了。

我是第一次碰到這種狀況。一方面認真考慮是否應

該要賣出，等回檔後再買回；另一方面，萬一賣了之後，可能就再也沒有機會買回來了。好在只有 1 張，對總資產影響不大，索性就先留著觀察。

隨著台灣疫情控制下來，王品的營運也快速回溫，股價開始上漲，2023 年很快就衝過了 200 元，一度甚至過了 300 元。這種漲勢對我而言可是前所未見，更別說是去追高增加持股。

一直擺到現在，這段時間也沒有適合股價可以撿便宜，只有靠配股和買零股，讓持股增加到 1,200 股，算是我的飆股初體驗吧！事後回想，沒在漲到 300 多元時獲利了結先走一趟，原因可能是存股多年，完全沒有養成隨意砍掉的習慣吧！尤其是獲利有在成長的股票。

遇到股價飆漲時，仍要從存股角度考量

在 2023 年這年，我又經歷了另一次存股變飆股的體驗，這次是 AI 風潮所吹起的大風。究竟會如輝達

（NVIDIA）創辦人黃仁勳所言，至少有 10 年好光景且 2024 年才是 AI 元年？還是會像上世紀末的網路泡沫那樣如國慶煙火般，在炫目的聲光中瞬間消失？到底會是哪種情況，公司現在和未來財報數字會說話。

我的持股之一緯創（3231）受惠於 AI，2023 年從銅板價約 30 元，直線加速漲到 161.5 元；以它上一年度 EPS 僅 4.01 元的獲利表現，股價已經超漲到應該可以賣出的狀況。但是經過考慮後，我還是決定多給一些時間去觀察，AI 是否真的會是另一次的科技革命？當下逢高賣出，也許日後會後悔。希望緯創不要辜負我的期望，讓我後悔！

Google 台灣前董事總經理簡立峰說：「做鏟子的一直賣鏟子，但是誰挖礦、挖到什麼礦？還沒人知道。」2024 年台北國際電腦展（COMPUTEX 2024）是賣鏟子大會，但是能不能挖到金礦，才是真正的考驗，衷心希望能挖到金礦，也許要好多年後才知道。

在此之前，淘金潮應該會讓鏟子大賣好幾年。所以

我還可以繼續做夢一陣子。

　過去這幾年陸續有冒出幾個概念股，如元宇宙概念股、生技概念股、綠能概念股和軍工概念股等，都有造成股市的一些波動。按照好公司和好價格的買進原則，這些公司不是我所熟悉的，或是還看不到值得投資的好成績單，即使新聞炒得再熱鬧，我還是不為所動。緯創是我持有多年的銅板股，也累積領了不少的股利，但是會變成飆股完全沒有預測到，好公司總是會有意外的驚喜吧？

　未來如果繼續碰到存股變飆股，我仍會從存股的角度考量，判斷這次的漲幅是泡沫？或是真的有業績支撐？如果是因為商業模式或產業結構的改變而讓股價飆漲，或許繼續存下去會是更好的選擇。

Chapter 3

克服波動挑戰

3-1

找到合適的投資方法
長期且紀律執行

受到傳統教育的薰陶，我們被標準答案制約了，以為任何事情都只有 1 個標準答案。然而現實社會中幾乎沒有標準答案，在投資領域中也是如此。雖不敢說哪種投資方法是最好的，但一定要能賺錢；找到適合自己的方式之後，就可以繼續執行，當然也可以繼續尋找更「好」的方法，更簡單、獲利更高、風險更低或是更省時間的均可。

存股、滾雪球或是我的咖啡園，都是希望能長期持有好公司的股票，每年能夠有穩定的被動收入，並隨著公司和持股的成長而增加資產。這個方式不會隨著年齡增長而改變。倒是每個人擁有不同的背景，會因為比較了解的產業不同而選擇不一樣的投資標的。只是我相信投資原則應該相去不遠──只在相對合理或

便宜的價格去買進好公司的股票；不符合好公司的標準，再便宜都拒之千里，絕對敬謝不敏。

高年級存股族更需慎選標的

若你是退休族或待退的中高齡投資新鮮人，才剛開始存股的話，並沒有太多犯錯的空間，一定要謹慎選公司，沒有獲利或是剛上市上櫃的公司最好不要碰；這些公司幾年內可能讓你領不到預期的股利，沒有穩定的現金流。也不能在股市很熱時，跟著大眾去追高，否則你的持股成本容易過高，賠錢的機會也相對增加不少。

現在想想，我的咖啡園也經營 20 多年了，一開始也沒有像現在這麼清楚的存股策略，算是在這段過程中不斷嘗試錯誤而慢慢形成的；再加上我過去喜歡用 1、2 堂課的時間，與學生分享個人認為很重要的理財觀念，幾個學期下來也就漸漸形成了現在的存股策略。後來接受媒體訪問、上通告和演講，從慢慢熟悉到現在不用準備就可以侃侃而談。

　　選好公司和等好價錢是我一直採用的買股原則，現在台股中符合好公司條件的還真不少，其中也有和我擦肩而過的，像是台積電（2330）、台達電（2308）、巨大（9921）等。當然也有雖是好公司，卻不在我的舒適圈內，也就是個人不熟悉的領域，我也只好忍痛割捨。

　　所以這麼多年來，還一直秉持著原有的投資策略，是老狗學不了新把戲？或是獲利績效差強人意也就懶得調整存股的方式？也許兩者皆是吧！今年有試著買幾張元大台灣價值高息（00940），準備至少存上2、3年才能看到效果吧。

　　存股族是希望用時間去產生複利效果，慢慢地累積資產，比較沒有追求短期獲利。因此，我個人並沒有因為年輕時投資比較積極，年長後就變得比較保守。不過，起步晚確實需要多存一些，才能達到相同的效果，年輕人有時間去累積，可以存得少一些。相對於那些賺價差的投資人，我們存股族應該是徹頭徹尾的保守派。

賺取被動收入當靠山

在仍是低利率的當下，我會盡量減少持有現金，多種幾棵咖啡樹，來增加現金流。尤其是短期用不到的資金，就會將其換成會生股利的好股票。

我有一位學長的舅媽，生前只買上海商銀（5876）的股票，從未上市前就開始存；舅媽往生後，舅舅可能是思念她而繼續存。幾十年的堅持，而擁有了上萬張，每年的股利不知羨煞多少人。選對公司準沒錯，不一定要在股市中殺進殺出，還不見得能夠全身而退。

把投資股票視為定存的概念，適合沒有時間或不想天天盯盤、賺價差跑短線的投資朋友，抑或是想穩穩地每年領取比銀行定存利率略高的被動收入，並有耐心地去讓時間產生複利效果的投資人。這算是一種投資習慣或心態，如果適合自己，沒有必要因為年紀或人生不同的階段去做調整。反而是當你有了穩定而逐年成長的被動收入，更可以讓你把時間或精力放在個人喜歡的事物上。這不就是每個人都想要的夢想嗎？

　　我以前有位博士班學生，興趣就是為人師表。原在私校任教，因大環境的影響，要擔任行政工作且負責招生，反而大幅減少了與學生相處的授課時數。因為有了存股的被動收入，毅然決然地轉到公立學校擔任代理教師的工作，繼續全心投入自己喜愛的教學工作，不必為五斗米折腰，有了選擇的自由。

　　之前還有另一位研究所學生，他是放棄了某金控的高薪工作而去當國中老師，也是因為有了被動收入當靠山，讓他能無後顧之憂地作育英才。

3-2
買對股票就不要賣
透過持續投入累積資產

　　一位相識多年的好同事在 2009 年將大統益（1232）推薦給我，當時他在大統益 22 元時買進了 5 張。他推薦的理由是，覺得大統益很適合我存股，我也就買了 1 張試水溫。因為那時市場還處在金融風暴中，我心想還有可能跌回 22 元，或者還有更低的便宜價。但至今我仍只有那張是 23 元的大統益，其他的買進價格都超過 25 元。

低價買進並長期持有，存股真的不難

　　我同事那時是純賺價差，所以沒有領過 1 次股利就獲利入袋。多年後才發現這位老哥還真的會選股，在價錢很低時買進不少好股票，只是沒有用存股的方式持有至今，與數千萬元的資產擦身而過。

表1 **同事當年出脫大統益，少賺資本利得逾62萬元**

股名（股號）	張數（張）	每股成本（元）	成本（元）
大統益（1232）	5	22.00	110,000
和泰車（2207）	5	28.05	140,250
聚　陽（1477）	15	22.75	341,250
儒　鴻（1476）	17	20.55	349,350
寶　雅（5904）	5	26.00	130,000
勝　一（1773）	14	36.57	511,980

註：股價、市值資料日期為 2024.08.30　　資料來源：XQ 全球贏家

　　因為手邊存款有限，我習慣 1 張 1 張買來存，慢慢地累積持股。由於他是賺價差，一次是至少 5 張買進，有獲利就賣出。現在假設當年他的幾檔股票一直擺到現在，不算配股、配息，光是資本利得就是一筆可觀的數目（詳見表 1）。

　　最近幾年，關於我存股的那幾招，他已經能琅琅上口，儼然已是一位存股理論大師。但是在實際操作上，好像大多仍在買買賣賣地賺價差，如斜槓般地遊走在 2 大派別之間。2020 年新冠肺炎疫情期間，我們幾乎同時用 69 元買進王品（2727），我留到現在，而

謝士英同事持股明細

目前股價（元）	目前市值（元）	沒賺到的資本利得（元）
147.50	737,500	627,500
660.00	3,300,000	3,159,750
383.50	5,752,500	5,411,250
536.00	9,112,000	8,762,650
502.00	2,510,000	2,380,000
165.00	2,310,000	1,798,020

他領了紀念品後就出脫。聽說最近又用 200 多元再買進王品，還是為了領紀念品。我不禁想，存股真的有那麼難嗎？

還有一位很要好的高中同學，至今我們仍常不定期聚會；50 多年的交情，我們幾乎無所不談。大約 10 年前，他遭遇重大的家庭變故，讓他萬念俱灰，說要把所有的股票都處理掉，沒有心思再去管理那些投資。其中有 10 多張台積電（2330），每股成本不到 100 元，我勸他不要賣掉，擺在一邊不要管就好，結果他沒有採納我的建議，在 100 元出頭獲利了結。

現在回頭看，少領了這 10 年的股利，也算是 1 筆不少的現金；更可惜的是，台積電現在股價漲到千元大關，其資本利得更是驚人。除了替他感到有些捨不得之外，我也在反思，當時我若是能將他的持股買過來，那不是更好嗎？以我的存股方式，我應該會持有到現在，只會變多而不會賣掉任何 1 股。想一想，他倒是相當坦然，我可能還比這老同學更惋惜一些吧！

3-3
存股主要目的在於
創造穩定的被動收入

　　很多人會把自己的投資績效跟大盤相比較，認為輸給大盤就是失敗的投資人。我的想法是，存股最主要的目的，就是一直能有穩定的被動收入，達到所謂的財務自由，而且在股市的資產能逐年成長。至於是否能贏過大盤？好像不是我建立自己專屬咖啡園的初衷。

無需執著於和大盤比較績效

　　理財就是想要讓生活不再為錢所困，是讓資金為我工作，改善未來的生活，給我自由。這不是比賽，既不是和大盤比，也不是和任何人比。我們許多人從小接受傳統教育，過程中無意識地養成比較的習慣，任何事情都要和別人比，甚至和兄弟姊妹比。然而，人生不是建立在攀比上，自己過得好就是贏家，所謂「人

比人，氣死人」，還真有道理。

　　自開始存股以來，我都是按照自己的存股步伐去堆雪球，如果表現合乎自己的期待，能比大盤好當然令人興奮；若是輸給大盤，那也不需為之氣餒。這有點像是一些從事有機生產的農友，不會太在意其他慣行農友的收入，不去比較彼此的收成，只專注於對自己理念的堅持。若是少賺一些又何妨？

　　台股在 2024 年站上 2 萬點。有人興奮，也有人大喊居高思危。回頭想想，是每家公司的股價都百花齊放？還是只有台積電（2330）和少數 AI 概念股在撐指數？不管是 1 萬點或 3 萬點，我還是會繼續去找好公司，然後用比較合理或便宜的價格來擴張我的咖啡園，繼續我的咖啡農事。當然，如果我也有台積電的話，就更完美了。

3-4

買錯股票
應立即認錯並停損賣出

通常聽到馬路消息，喜歡到處問明牌的人，很容易買錯股票或買到高價。我們一般投資人很喜歡一窩蜂，像在趕流行一樣，就怕落到人後。

就像台積電（2330）在 2022 年底股價跌到 300 多元時，幾乎是人人喊跑，誰敢低接？包括我在內。要能有「雖千萬人吾獨往」的精神，其實是很孤獨的。現在回頭看，那時能買進而又能持有至今的投資人也算是股神級的吧！

另一個情況是買到自己不懂的公司，這也算是一種隨波逐流吧。每隔一段時間就會有所謂的概念股出現。3D 列印概念股、軍工概念股、AI 概念股、航海王概念股……等，輪流在各財經節目中被吹捧，令人目不暇

給。「長江後浪推前浪」，每一段時間過去了，就會
發現許多追捧的衝浪客都死在沙灘上。

個人在聽到這些概念股還是會去檢視這些公司，反
問自己：「我了解它們是在做什麼的嗎？」「這些產
品會賺錢嗎？」「榮景可以維持多久？」得有一次在
演講中提到 3D 列印，有報導形容 3D 列印的神奇，什
麼東西都可以印出來。我問現場的聽眾：「3D 列印的
披薩可以吃嗎？」結果回答的是一位國小中年級的小
女生，她說不能吃，但是有多少投資人已經被宣傳到
認為 3D 列印是無所不能。

切勿等股價上漲才賣掉

如果確定買錯了股票，個人認為應該馬上認錯、立
刻賣掉，不要想著等股價上漲再賣，並將資金抽回，
轉到對的公司。許多人通常正好相反，該賣的捨不得
賣，賣掉了真正該長期持有的好公司股票，這種行為
就是巴菲特（Warren Buffett）所說：「拔掉鮮花，
為雜草澆水。」雖然有可能還是有獲利，但卻放掉了

更大資本利得。如果採用巴菲特存股法則去買股票，應該不容易買錯股票。我們一定會先選所謂的「好公司」，不符合條件的股票在這一關就會被淘汰掉。

存股族更可能犯的錯是買在相對高點，股價下跌時就立刻出現帳面上的虧損。我自己的做法是，下跌一段到比較合理或便宜的價位時會逢低承接，來降低持有成本並增加存股數量。

金融風暴前，身邊親友用 100 元股價買了一張台塑（1301），隨後就開始下殺。那時我的建議是，既然是好公司的股票，就不一定要壯士斷腕而認賠殺出。親友一直持有至今，多年的現金股利已經回本了。被套牢的價格只要沒有太過離譜，幾年累積下來的股利至少可以保本。話說回來，在台股第 1 次上萬點時，被套在股價 1,975 元的國泰人壽（現為國泰金（2882））和幾百元的 3 家商銀（現為彰銀（2801）、第一金（2892）和華南金（2880）），經歷了轉型為金控及 30 多年的配股配息，抱到現在不知道究竟回本了沒？

做好3項存股功課
投資事半功倍

　　領被動收入的存股族，並非完全都不需要花時間做功課，只是和一般投資客相比，花的時間和功課內容都大不相同。

　　一般投資人每天花的時間，不比另打一份工來得少，只是盯盤就需要 4 個半小時，還沒算上做研究和追蹤國際股市的時間。有些人不太花時間，只打聽明牌或追高殺低，通常是賺少賠多。

　　存股的最主要目的就是製造被動收入，以花最少的時間為原則，因此平均下來，我每天花在研究股票相關的時間不會超過半小時。

　　我平時大概會做以下 3 項存股功課：

存股功課1》每季檢視公司營收與獲利成績單

對存股標的最簡單的要求就是公司營運穩定和獲利能力要好，因此追蹤公司的月營收及每季的業績表現，是我在研究股票上最重要的工作了。

大學生每學期要繳報告，還有小考、期中考和期末考，授課的老師才能知道學生學習的程度到哪裡，由各種成績去判斷學生學習的好壞。公司的營收、季報和年報也有同樣的效果。我個人是至少每一季都會檢視一下營收和獲利成績單，並且與前一季和去年同季相比較，藉此知道公司的經營狀況。

有成長最好，若是衰退就要試著去找原因，確定營運是真的出了狀況？還是一時的小感冒，沒多久就會恢復過來？當公司的業績大好或大壞時，我會再花比較多的時間，去了解其背後的原因，不僅要逐季追蹤，甚至要逐月較密集的去檢視。

像是新冠肺炎疫情爆發後，受到防疫險保單理賠的

影響，許多旗下有保險業務的金控公司成績單出現紅字；再加上美國聯準會（Fed）暴力升息，幾乎所有的金融相關個股都被波及，導致 2022 年獲利縮水，也影響隔年的配股配息。但是 2023 年絕大多數的金控股都回到了正常水準，於隔年 2024 年配的股利也明顯回升。經過追蹤，確認疫情後金融業衰退只是個小感冒而已，我也順勢增加了一些持股，讓今年暑假的股利收成更豐盛一點。

雖然說我只買好公司的股票，也還是要繼續關心公司的表現是否合乎預期，或是有令人驚喜的消息，這也幾乎是我研究股票的大部分工作了。

每年第 3 季財報出來後，大概就可以預測來年的股利是持平或增加，然後用殖利率推估出合理價，作為在下次配息前是否加碼的參考（詳見表 1）。

存股功課2》從日常生活中找投資靈感

有句話是這麼說的：「要投資在商業大街，而不是

表1	**第3季財報公告期限為每年11月14日**

上市櫃企業財報公告期限

項目	公告期限
每月營業收入	每月10日
第1季財報	5月15日
第2季財報	8月14日
第3季財報	11月14日
全年度財報	隔年3月31日

註：表中指一般上市櫃企業，金控公司之公告期限不同，分別為5月30日、8月31日、11月29日、隔年3月15日

投資華爾街」。常在逛街時觀察投資的對象，是我吸收資訊的主要途徑之一。我家附近開了不少大大小小的藥局，獨立的小藥房和寬敞的連鎖大藥局。在查詢相關資訊後可以知道，康是美藥妝店也在布局處方藥局市場，且除了大樹（6469），其他連鎖醫藥通路如佑全、躍獅、杏一等連鎖醫藥通路也持續展店。若屬實，大樹藥局就可能會面對比較激烈的競爭，未來的營運是否能維持成長，就是大樹能否保持在前段班的關鍵，也是我在選股時的參考。

我也會常在外出時觀察街上的生意狀況，過去開放

陸客來台觀光時,許多飯店一大早就會有多輛遊覽車在門口等客人。那時與觀光有關的行業無不興盛,連日月潭的阿婆茶葉蛋都忙到沒辦法關火休息。

當陸客不來,加上疫情的閉關,國內觀光受到雙重打擊。現在疫情過去,國門開放後,憋了近 3 年的國人紛紛出國散心,然而兩岸關係沒有恢復到當年的和諧,沒有陸客的挹注,我們與觀光有關的產業仍籠罩在烏雲下,至今還看不到有回到當年榮景的機會。在尚未看到曙光前,我暫時不會碰這些產業。

新聞報導是平常接觸公司資訊的重要來源。例如台灣的吐司市場有百億元商機,看到統一(1216)推出了新商品晨光高纖生吐司,我會去追蹤未來的相關消息,也會去 7-ELEVEN 買來試吃,並與店員詢問其他顧客的反應。如果能接近市場,我們盡可能地收集資訊作為投資的參考。

新聞裡也可能出現令人驚心動魄的消息,像是網路上傳出有大陸網友在統一泡麵的酸菜包裡發現了「米

奇」的標本，還好後來事態沒有惡化，也沒有衝擊到
統一的股價。

春秋時代諸公子流行養士，孟嘗君家中有各路英雄
好漢三千人，所謂「養兵千日，用在一朝。」我們一
介小民，平日生活就大多自顧不暇，但還是要擴大生
活交友圈，盡量去認識各行各業的人士，許多寶貴的
資訊就是從閒聊中而來的。

偶爾會從親友口中聽到一些新的投資標的，我也會
花點時間去研究。前些時候，有球友要投資比特幣，
想聽我的意見。我本來就對虛擬貨幣存著很大的疑問，
但為了回答球友的問題，特意花了些時間看了一些相
關報導。

結論是，個人和巴菲特（Warren Buffett）、蒙格
（Charlie Munger）等大師看法相同，我還是不認為
虛擬貨幣是一種我們所熟悉的「貨幣」，最多是一種
特別的商品。它不具有傳統貨幣的任何定義，也不知
道是誰發行的，也沒有人背書它的價值。若沒有人願

意用更高或任何價格去收購，最終有可能會一文不值，
也許會比當年的鬱金香泡沫還夢幻吧！在日本有比特
幣失竊的情事發生，不是也戳破了虛擬貨幣號稱的安
全性和私密性？

　我建議球友，最好不要去碰這種風險超高的金錢遊
戲，做個旁觀者就好，但是不知我的提醒是否正確和
有效，因為到目前為止，虛擬貨幣的泡沫還沒有完全
破滅，投機遊戲還在持續中。之前我還研究過元宇宙、
新藥研發的過程等，但總的來說都沒有花太多時間，
盡量維持我存好股、領被動收入的初衷。

存股功課3》留意有無好股票在打折或被錯殺

　平時閒來無事，且手邊有閒置資金時，我多半會關
心一下是否有好股票在打折或被錯殺。另外是當股市
大漲時，就會結算一下持股淨值，看看帳面資產增加
了多少，讓自我感覺良好一下。理財的目的不就是要
提升生活品質嗎？不一定要像暴發戶那樣，穿金戴銀
的到處炫富。看到資產數字成長，達到或超越預期的

目標，那種被肯定的滿足感更是令人嚮往，比吃大魚大肉更具吸引力。

　若是公司股價或大盤突然暴跌，先不要跟著大家恐慌。應該要馬上去檢視原因，是否會對自己的持股有長遠的影響，還是有想買進的公司被錯殺而有便宜好撿？這些都是在整理咖啡莊園的例行農事。

3-6

好公司營運上軌道
無需擔心填權息速度

每年股票在除權息的當天,其股價會扣掉權息的價格,日後漲回原先的價格稱之為填權息;若價格繼續下滑,則稱之為貼權息。

許多人很在意股價能否快速填權和填息,甚至去比較填權息天數的快慢,認為愈快愈好;當然更不希望有「貼息」的情況產生,並將之視為利空。我個人反而有不同的看法,好像與大家唱反調成為了我咖啡園的常態了。

填權息花費時間長,有機會逢低加碼

首先,個人的存股咖啡園「種」的是好公司,通常好公司因為營運上軌道,而且逐年在成長,填權和填

息是早晚的事，不必為了短期股價沒漲或是下挫而緊張。通常今年的股利入帳後，就是繼續等著來年的配息季節；沒有要賣出股票的情況下，股價的高低就只是帳面上的數字而已。

沒有公司營運變壞的消息或數據發生，就單純是整體股市下跌或漲不上去時，我還會用剛入帳的現金股利再逢低增加持股。若是填權息花費的時間愈長，我反而有機會將多存的現金，再多種 1、2 棵好咖啡樹。

因此，好公司的填權息速度不要太快，對我而言反而是好機會，只要能夠忍受短期帳面資產的下滑。因為好公司的股價平時波動不大，除權息後的股價下跌反而提供了持續買入的好機會。

葛拉漢（Benjamin Graham）說過：「上漲的股票，風險增加而不是減少；下跌的股票，風險減少而不是增加。」

股價不會一直漲不停，上漲時投資人持有的成本增

加，且股價下跌的機會也比較大；當股票下跌了，我
們持有成本減少，好公司的股價也不會一直跌，所以
買進時風險其實是在減少的。這一點和一般投資人的
認知不相同，值得大家多想想。

3-7
避免為了節稅
放棄參與除權息

　　先說，我們整個投資環境，個人認為還不算完美。現行制度是政府不徵收證券所得稅，而是順應民意只課徵證券交易稅；面子給了投資客，而政府賺了裡子。證券交易稅是只要有買賣就要繳交，不管這筆交易是賺是賠。

　　然而政府的角色好像變成了賭場老闆，鼓勵大家頻繁交易，甚至鼓勵當沖，因為當沖的證交稅有打折優惠。對於長期投資領股利的投資人，並未有任何獎勵措施，還想方設法地多剝幾層皮。

　　二代健保補充保費就是第 1 層皮，算是替全民健保補破洞。再來，我們股東領的股利是從公司每年的稅後盈餘中分配來的，若要將股利所得再算入個人所得

課稅，就等於重複課稅了。

以往實行兩稅合一時，會先扣掉公司已經繳的稅後，再去計算股東的個人所得稅；後來將可扣抵稅額減半，等於是變相加稅，算是被剝第 2 層皮吧？再後來兩稅合一乾脆廢除，成了現行的合併課稅或分開課稅二擇一，其中選擇合併課稅的，若年領大約股利 94 萬元內可減免 8.5% 稅金（最多減免 8 萬元），但超過的部分就得隨著個人所得稅率一起重複課稅了。

先賣出後買回，未必划得來

抱怨歸抱怨，我自己其實沒有做過任何節稅行為。雖然稅繳得有點心不甘情不願，但是因為很怕麻煩，也不會為了節稅或躲避二代健保補充保費，在除權息前先賣掉持股再等除權息完買回來。

對存股族而言，最重要的就是每年的收成期：配股和配息。多一次買賣去規避稅費，很可能會因小失大。我持有的股票都是會配息的，若先賣再買回，會增加

交易成本和證交稅，不一定划得來；若是碰到秒填息的股票，還要多付錢才能買回原有的股票，賠了夫人又折兵，得不償失！

二代健保補充保費是從股利中扣繳（編按：單筆領 2 萬元以上股利時，直接從現金股利中扣除），假設股票資產 1,000 萬元，年領 50 萬元的股利，二代健保補充保費大約是 1 萬元出頭。若除權息前賣掉，之後再買回，光是證交稅就要 3 萬元，另外還要支付一賣一買成交額產生的手續費。就算是用貼息價買回，算上交易成本應該不會省多少吧？我還是一動不如一靜，省時間又省力。

還有人為了規避健保補充保費，會設法讓單一個股的股利不要達到 2 萬元，但這也是一種因小失大的做法，完全沒在我的考慮範圍之內。

對於存股的我而言，好股當然要存得愈多愈好，才能滾出大大的雪球，不會因為省那個區區的二代健保補充保費，而將持股限制在少數幾張之內。樂透彩若

是超過 5,000 元的獎金，中獎的幸運兒領獎時要先扣 20% 的稅，多年來，還沒聽說有人因不願繳稅給政府而拒絕領獎的吧！那我也沒有必要挖空心思去逃避 2.11% 的二代健保補充保費。

凡事倒過來想

同樣的，有人說領太多股利要負擔更多個人所得稅，應該成立公司來節稅。怕麻煩的我也沒去想太多，我唯一能稱得上節稅的舉動，大概就是捐款了吧！世界展望會、學校的教育基金會、和我同學創立的自閉症工作坊是我固定捐款的對象，可能再加上一些不定期的贊助。

既然是領被動收入，我也不想為了省幾塊錢的稅金而絞盡腦汁，反而希望有一天能成為繳稅大戶。不是因為太愛國了，而是成為繳稅大戶就代表我的股利收入又達到了另一層次了。

蒙格（Charlie Munger）的名言之一：「凡事倒過

來想。」既然要繳稅，我就每年再多增加一些被動收入，來彌補被國稅局吸的血。我的高中同學曾在聚會時炫耀似地跟我抱怨，他的股利要上繳 300 萬元的稅金，我心中在想，何時能追上他的步伐呢？

建立正確觀念

4-1

存股能穩穩領股利
還可對抗通膨

現在沒事滑手機已經漸成為一種習慣,還好沒有連走路和上下樓梯都盯著看。某天手機顯示了一個標題吸引了我的注意力:「小資族該存錢,還是存股?」這真的是值得思考的問題。

台股從 1960 年代開市交易至今也上下翻騰了好幾次,過程中不知有多少投資客在股海中壯烈成仁,因此現在還是有些人對股市抱著負面印象,認為買賣股票就像是在豪賭,避之唯恐不及。

早年在銀行定存利息超過 5% 的那個年代,定期儲蓄零存整付就是一個很安穩的理財方式,不必在股市中追高殺低,很刺激地追趕跑跳碰,還不見得能全身而退。

　　但是最近 10 多年來，進入了低利環境，金融海嘯後有很長一段時間是「低利率、低通膨」，疫情之後則變成「低利率、高通膨」，物價上漲應該是每個人都非常有感的。住家附近常光顧的自助餐，以前是 1 張百元大鈔有找，到現在要多帶 1 個 50 元銅板比較保險。中東衝突和俄烏戰爭不知何時落幕，更增加了物價波動；再加上國內電價調漲，物價持續上漲成為進行式。

　　而近年來，國內銀行一直維持在幾乎不到 2% 的利率，物價上漲彷彿一個揮不掉的影子，一直亦步亦趨地跟著我們，還吃掉了利率。就以 2022 年為例，年初時臺灣銀行的 1 年期定儲利率僅 0.79%（固定利率），而當年的通膨率（消費者物價指數（CPI）年增率）高達 2.95%，兩者的差距算 2% 好了，意味著年初戶頭裡的 100 元，到年底只剩下大約 98 元的購買力了。

　　有工作能力的人，還能靠著薪資的調升和多兼差來對抗物價上漲；軍公教在 2024 年調薪 4%，也似乎勉

強可以對抗通膨。但是對於已經離開職場，靠固定退休金或銀行定存度過晚年的銀髮族來說，那可就是「王小二過年，一年不如一年了。」

所以，現在小資族不能只是傻傻地存錢擺定存，財富增長速度遠遠追不上通膨。我們可以把還沒有要用到的錢（緊急備用金除外）用來存股，每年領超過 5% 的股利，讓自己的購買力至少不被通膨這隻怪獸吃掉。

具競爭力、寡占或龍頭公司值得長期持有

存股是這個低利時代下的產物，慢慢地變成一個流行的理財方法，但好像許多人並不完全理解何謂存股，以為可以領股利或只買不賣就算是存股；也有人是被套牢後捨不得賣出，就從賺價差自動變成了存股族。

真正的存股不是這樣，正確的做法應該是要存好股；具競爭力、寡占或龍頭公司，都是值得拿來長期持有的標的，再來要等好價格。若是不小心買貴了，長期下來可以讓累積的股利來降低成本，帳面上也會有不

錯的資本利得。

若只是道聽塗說，隨便買股票來存，有可能賺了利息卻賠了價差，因為股價跌了；最慘的還有可能擺到變成壁紙，因為公司倒了，像是當年高雄上市的建設公司倒得只剩一家，不知有多少股民陪葬了。

還有一個簡單的方法——若是在某家銀行有定存，那就考慮將其改成那家銀行或所屬金控公司的股票，在目前低利的環境，持有銀行或金控的股票應該是比較有利的，每年的配息絕對比定存利息要好，先決條件是要選一家穩健的銀行或金控，盡量將風險降到最低。也有朋友問：「買金控股，萬一金控倒了怎麼辦？」以我國現況來說，政府應該不會讓金控或銀行倒閉的。

選對能夠持續成長的好股票，再來就能靠時間來產生複利效果；不僅能對抗通膨，實質購買力還能小幅成長，讓生活也像倒吃甘蔗，品質逐年提升，更能利上滾利，達到財務自由的目標。

4-2

站在巨人肩膀上
學習巴菲特的投資方法

　　在股市投資的方法有好幾種，但不是理論愈複雜愈高深的愈會賺錢。我們一般小投資人，沒有能力也可能沒有時間去像專業投資人那樣操作，很可能賠了時間又沒賺到錢。

　　我會建議投資人找一個適合自己的投資方式，而不是因為別人都在做，所以你也跟著做，「從眾行為」在股市中不一定是很安全的。現在許多名人掛名、強調「迅速致富」的投資群組，幾乎都是詐騙，投資人要睜大眼別掉入圈套。

　　剛開始進入股市時還擔任教職，有固定的上課時間，沒有時間去盯盤。同時也注意到，許多股民每天像上班一樣的隨著股市開盤，但是下午 1 點半後並未跟著

下班，還要再做功課找資料，有些人還得起個大早，先追蹤歐美股市的表現。1 週至少要忙 5 天，跟有另一份全職工作一樣。

重點是，忙成那樣還是有不少人沒有賺到，甚至賠錢。我要的是能夠製造被動收入，不需要花太多時間，也不會弄得太複雜，畢竟投資理財不是我的專業。認識了巴菲特（Warren Buffett）的存股方法後，發現他的方法簡單易懂，很適合個人的需求。

於是我一開始就是從存股入手，個人資產逐年穩定的成長，讓我沒有理由去換別的投資方法。即使看到報導中當沖或跑短的暴利，我都心如止水而不為所動，也有點懶得去做改變。

若本金不足，需要較多時間才能累積資產

存股的方法可以簡化成一個算式：**資產（財務自由）＝本金＋時間**。若本金少，就需要多年的時間累積，才能達到個人的財務自由；若本金雄厚，所需時間則

相對短,就可達成目標。

　　一般年輕人擁有的本金相對窘迫,但他們卻有足夠的時間去堆雪球;對起步晚的中年存股族而言,時間不站在我們這邊,就需要準備較多的資金去彌補時間的短缺。若不是開始的本金要夠多,就是每月能固定存下更多的錢,否則雪球永遠堆不到財務自由的境界。

　　多年來名列《富比世》(Forbes)雜誌全球富豪榜的巴菲特,2024 年的排名是第 6 名,前 10 名榜單中,他是唯一靠投資股票致富的。他的投資哲學本就值得參考,再加上研讀之後發現不但簡單易懂,也容易複製,用他的方法來長期投資就像是站在巨人的肩膀上,一切都是輕鬆愜意。

　　既然如此,我又何必把投資弄得更複雜且又要花許多時間和精力,還不一定會賺錢呢?再加上看到逐年緩緩增加的股利,以及淨值的增加,好像也沒有理由去換一個風險更高的投資方法或策略。最重要的原因還是懶得去換,把時間拿去忙別的更重要或更有趣的

事物吧！

持續存好股，享受財富自由人生

老狗學不了新把戲，對平庸的我也是應該適用吧！理論上應該是「吾道一以貫之」，不會有太大的改變。但是原來對創意思考就很有興趣的我，在好奇心的驅使下，還是會對一些新奇的事物產生探索的衝動。

另外，我在前文有提過，在寫稿的這段期間，投資高息型 ETF 已彷彿是新的全民運動。雖然之前有在一些節目中提到我沒有 ETF 的各種理由，但心中還是想知道這些令人躍躍欲試的新投資工具真的有那麼好嗎？元大投信在今年初推出元大台灣價值高息（00940），號稱是以巴菲特原則去選股。而我自以為是巴爺爺的門徒，當然很想知道是誰得到的真傳比較多，於是收到營業員的訊息後，我也早早地申購了 10 張，想要拿來當作對照組，希望一段時間後來看看績效。

不論結果如何，我應該都是贏家。若是 00940 贏

了，我賺到了月配的現金股利；若是我的咖啡園略勝一籌，賺到的面子也能讓我說嘴一陣子了。記得當時統一投信的統一台灣高息動能（00939）掀起了募資的巨浪，讓元大投信的 00940 壓力山大。結果是原先怕輸人不輸陣的元大投信，被隨後如海嘯般的資金給衝到緊急關上募資閘門，也算是 ETF 的一項紀錄吧！

另外，未來在挑新股或檢查是否需要汰弱留強時，除了現金殖利率，我應會更聚焦在公司的營運成長性。投資報酬能得到比銀行定存高、且能對抗物價上漲應該是基本要求，公司營運成長所帶來的資本利得，是另一個巨大的潛在獲利來源。因此能夠穩定配息且逐年持續成長的好公司，會是我對核心持股的最高要求。

總之，我的咖啡莊園會繼續茁壯下去，不會有太多的改變。我更希望能夠將投資心得分享給更多有心存股的讀者，讓更多的投資朋友獲得財務自由，去享受自由無憂的人生。

4-3
善用時間滾雪球
錢滾錢創造複利效果

多年前，「時間管理」曾經流行過一陣子。書店暢銷排行榜上，常常有相關的書籍在榜上出現。誰最需要時間管理？答案很清楚明白，時間不夠用、蠟燭兩頭燒的人最需要。

然而，在談到個人或家庭財務管理時，答案就變得非常不一致了。許多人會說自己的錢都不夠用了，哪裡還有閒錢去做財務管理或規畫？其實愈是沒有餘錢，才更需要有財務規畫。就像時間管理一樣，我們必須知道自己的金錢（或時間）都用到哪裡去，才能更有效率地去管理這些有限且寶貴的資源。

滴水穿石、積少成多是大家耳熟能詳的成語，幾乎成為日常生活中的一部分了。但是，應用到投資理財

上，卻在一般投資人身上找不到太多的例子。

　　媒體上宣傳的少年股神們都是使用槓桿在股海中短進短出、在極短時間內點石成金。在這幾位被捧上天的明星之外，不知有多少年輕投資客如隕石般墜落，連在天際上留下一段光亮的軌跡都沒有留，就揮發殆盡了。

時間是最好的財務顧問

　　前不久有新聞報導，有民眾平時會將身邊剩下的零錢丟進家裡的金屬罐中，在不知不覺中累積了滿滿 1 桶沉重的零錢，變成一筆不小的財富。

　　年輕人如果能每個月拿 3,000 元～ 5,000 元來存股，只要能夠堅持下去，3 年後就能夠看到初步的成果；接著，再將這些利息再投入就可以看到小小的複利效果；再加上還是堅持每個月都繼續存錢並投入存股，除了每年領到的股利會逐漸地增加，股票的淨值也會水漲船高。別忘了，滾雪球式的存股需要時間來產生

複利效果。

年輕人雖然能存的錢有限，但是時間是最好的財務顧問，或者說，他們最佳的財務槓桿就是時間。我第1本書的書名若是「我25歲開始存股」，那我現在每年領的股利可能不止500萬元了吧？

4-4
保持耐心存股
擺脫追高殺低的慣性

　　根據我目前的經驗，在合理的價錢下買進好的公司，經過 3 次的配息後（指年配息），就應該可以看到存股的初步成果了。也就是說，至少要用 2 年多的時間，養成繼續慢慢地種咖啡樹，而不隨便砍樹賣樹的習慣。

　　學校有位同事，他的財務都交給理專去打理，幾年下來的成績並未令他滿意，因而轉回部分資金，用我的方法存股。一開始他還有賺價差的心態，每天隨著台股和美股等幾大國際股市的漲跌起舞，早上 6、7 點就給我「Morning Call」，因為美股大跌，他煩惱手中的股票是否也要在台股開盤後跟著殺出。

　　經過幾個暑假的配息，早上再也接不到他的緊急來電。他的資產穩定成長後，現在花比較多的時間在照

顧收養的狗兒子們，生活過得比較像是想像中的財務自由了。總之，想要存股就急不得，需要時間去累積，並要改掉總是追高殺低的賺價差心態，如果能做到，任何人都可以存股。

先設定小目標建立成就感

剛入社會或在學的年輕人，都可以從每個月存1,000元開始，這樣1年就可存1萬2,000元，幾乎可以買500股的玉山金（2884）來當第1棵咖啡樹。若長輩還有給壓歲錢，或是領到第1筆年終獎金，也許就可以先存到第1張玉山金；若公司持續按照每年配股配息的規律，第2年你的咖啡園裡可能有超過2棵咖啡樹了；第3年開始，可以將目標調升到每個月存1,500元，甚至更高，年復一年，慢慢地就會擁有小規模的咖啡莊園了。

我個人是從投入220萬元買股票開始，最初設定的目標是「5年內股票資產能達到1,000萬元」；慢慢地將目標轉成「給自己每月加薪5萬元」，也就是每

年能領到 60 萬元的股利；現在，我已經達到每月加薪
20 萬元的目標；下一個目標是，每天一睜眼就是 1 萬
元入帳，也就是「年領 365 萬元股利」（詳見圖 1）。
其實這幾年股利和淨值的增長，只是讓自我感覺良好
和稍有成就感而已，平日生活並沒有多大的改變。

　　因此，一開始存股，不見得要訂立太過遠大的目標，
可以階段性的前進。先從小目標開始，達成後建立小
小的成就感。然後再將目標放大一些，逐年邁向財務
自由的終極投資目標。

存股須紀律執行，沒有捷徑

　　「如果你想走得更快，試著走慢點。」這是超過
200 年的瑞士百達資產集團合夥人百達朗（François
Pictet）所分享的財務管理哲學，他堅信不是每件事都
可以抄捷徑，欲速有可能不達，搶快則容易犯錯，這
對想要存股的或一般投資人同樣適用。

　　我所遵行的巴菲特（Warren Buffett）投資原則簡單

圖1　謝士英未來目標為平均日領股利1萬元

謝士英的存股目標變化

> **起點**
> **本金220萬元**

▼

| ✓已達成 | **5年內股票資產達到1,000萬元** |

▼

| ✓已達成 | **給自己每月加薪5萬元** |

▼

| ✓已達成 | **給自己每月加薪20萬元** |

▼

| □待完成 | **年領365萬元股利＝平均日領股利1萬元** |

易懂，但是需要時間和紀律去執行，沒有捷徑。初學者一定要記得這個哲理，千萬不要自以為聰明，想要一步登天。當你擁有1檔好股票，不要漲了一點就急著落袋。以前買台積電（2330）卻早早賣掉的人，看到現在股價漲成這樣，應該都在捶心肝吧？

存股的目標是讓錢去替我們賺錢，使我們獲得更多屬於自己的時間；而不是毫無規畫，窮盡一生都只用時間去賺錢，結果打拼了一輩子，沒有留給自己多少時間去享受生活。

年輕人剛起步，勢必得先付出時間賺錢，但有了收入後，要設法用錢來為自己賺錢。想達成財務自由，重點不在於能賺多少錢，而是你能存下多少錢，再利用存下來的錢去賺更多的錢。

錢滾錢的方法不少，個人淺見，投資股票是一個門檻低、相對簡單且容易起步的方式。當然也要用對方法，投資一家好公司，而不是去炒作股票，把股市當作賭場。

努力賺錢是對的，社會也需要有人持續工作才能運轉，不過每個人會受到時間、能力等限制，你的收入不可能一直成長，總會碰到天花板，也總有一天要退休。我現在上節目的通告費是 2,000 元，得要每天上 5 個通告，每週都不能休息，才能賺到現在股市給我

的股利（明年説不定還會領更多呢）。就算是我知名
度高到一個程度，也沒有那個體力來應付這麼多的節
目吧！目前平均每個月最多上一次通告，順便到台北
探親、訪友，就當是一種休閒活動了！

4-5

存股避免「享受當下」
雪球才能愈滾愈大

「別急著吃棉花糖」是美國史丹福大學（Stanford University）有名的實驗，要求一群 4 歲孩子在 15 分鐘內不要吃掉眼前的棉花糖，獎勵是可以再獲得一個棉花糖，結果有 1/3 的孩子忍住沒吃。研究人員多年後追蹤發現，當初能夠忍住不吃棉花糖的小孩，長大後的發展更勝於那些急忙吃掉棉花糖的小孩。

南韓作家南仁淑則在她的著作《人生不能照單全收，買東西也是》中提到，棉花糖實驗是因為能獲得獎勵才有意義，很多時候是「珍惜到最後常換來一場空」，因此她提醒要懂得把握現在，以免失去了最美妙的享受而後悔。

記得小時候家裡偶爾收到珍貴的美國五爪蘋果禮盒，

奶奶捨不得吃，就一直供在桌上。擺太久到不得不吃
的時候，還先挑快要爛的蘋果吃，所以好東西從頭到
尾都沒享受到，這就是應該把握當下，否則空留遺憾。
個人生活中類似的例子也是層出不窮，許多事情還真
的要速戰速決，把握當下。現在才領悟，當某些事物
擺久了會變壞、過期、貶值的話，那就要把握當下，
立刻處理。真的是，多麼痛的領悟！

存股路上，不要急著吃眼前的棉花糖

但是在投資理財上，許多人原地踏步，無法累積足
夠的被動收入，原因之一就是太急著吃棉花糖了。尤
其是存股，需要時間去滾雪球以產生複利效果；如果
領到股利馬上犒賞自己、享受當下，每年就可能是接
到幾片雪花，永遠滾不出大雪球來。最近還聽到，「要
在人生盡頭前先把錢花光，不要留給別人」的說法。
但若是算錯了，沒錢了人還在，怎麼辦？

生活中還有其他事情，可能不需要急著處理或去享
受，經過一段時日後，它們或許會變得更好處理，或

是會有更豐碩的果實。重點是，我們要學著去分辨，
人生中哪些是棉花糖，不能急著吃？哪些又是要能把
握當下享受的事物？不要日後空留餘恨，千萬別錯置
了！子欲養而親不待，親情、愛情和友情這些都不是
棉花糖！

4-6
買賣過於頻繁
交易成本易侵蝕獲利

　　除了大股災之外，台股平時還是會有上下起伏的漲跌，許多投資人就會在其中低買高賣，想賺到其中的價差，我將其定義為「短期投資」。各頻道理財節目的分析師都會對著過去的週線圖或是月線圖，指出高賣低買的時機，聽起來是頭頭是道，但是實際操作真的會那麼順暢嗎？我懷疑。

投資的人為自己賺錢，投機的人為經紀人賺錢

　　「價值投資之父」葛拉漢（Benjamin Graham）有句名言：「證據很清楚：你交易的愈多，剩下的愈少。」在股市每一筆買賣都有交易成本，手續費和證交稅，不論你是賺錢或賠錢。一旦從事短期投資，交易愈是頻繁，付出的成本就愈多，同時也侵蝕了獲利。

　　證券交易商和國稅局似乎很鼓勵大家多買賣，最好是當沖，因為這種投機的行為，能讓它們的荷包滿滿。然而許多投資人好像只有滿滿的參與感，戶頭的餘額並未同步成長。

　　難怪葛拉漢也說道：「投資的人為自己賺錢，投機的人為經紀人賺錢。這也是為何華爾街總是淡化投資的持久價值，強化投機華而不實的吸引力。」

　　號稱華爾街最強投機客的傑西・李佛摩（Jesse Livermore）也說：「賺大錢的技巧並不在於頻繁地進出，而在於耐心的等待。」雖然此君最後窮途潦倒而自殺，表示他的投資方法還是有問題的，但是他的一些名言還是值得吾人參考。

　　前述這句話就表示買賣太過頻繁不適合任何投資人，只有證券交易商和政府賺走了交易支出。但是又有多少投資人能參透這句話，而又能確實去實踐呢？

　　我家附近有一家刀削牛肉麵店，老闆在網路上看到

我上的節目後，和我相認後而成為熟識。我本以為他也對存股有興趣，想和他分享我的心得。但前些時有機會長聊後，才知道他是當沖客。他覺得在短短幾分鐘之間進出充滿了刺激，我卻認為他是把股市當作玩電競在賭輸贏，不是在投資。他常常 2 天賺、3 天賠，並樂在其中。我自己在想，他的店還在，而且看他興奮的樣子應該是有賺錢的吧！我有建議他將賺到的錢，拿出部分來存股，不知他有沒有聽我說的做。

一般投資人要清楚自己是要投資股市，還是投機，如果沒弄清楚就跟著大家一起衝鋒陷陣是最危險的。就拿當沖來說，1 天之內就要完成買賣，這是在股市中玩一夜情的遊戲，刺激勁辣，有可能瞬間致富，也很可能碰到仙人跳，立刻下地獄。先前在上通告時就聽過類似的故事，某航海王觸礁遇海難，可能很難再翻身了。

不過，也還真的有高手短線進出，每次獲利 20% ～ 30%，1 年來回操作幾次就可以收工了。但這畢竟是少數有特異功夫的，至少我有自知之明，我還是老老

實實地經營我的咖啡園，堆我的雪球吧！

長期投資者不易受到股市起伏影響

世界上只有巴菲特（Warren Buffett）和蒙格（Charlie Munger）堆起的雪球最大，而且還在快速地膨脹中。他們的成績不只前無古人，應該也後無來者可以超越吧！奇妙的是，他們用的方法卻是極簡單易懂，實施起來也不會太困難。資質平庸的我，入門後應用了 20 多年，也算是小有成績。目前雪球仍是小小的 1 粒，但是已經有資格在此與你分享這種長期投資的心得。

相對於短期投資，長期投資需要耐心去等待複利效果的產生，也要能耐得住短期股價的起伏，忽視那些停利或是停損的訊號，那是給短期投資者的。好處是長期投資者也不需要天天盯盤、甚至於每天開盤前還要追蹤歐美股市；整個投資過程中，可以省下不少時間去從事其他的事物，讓投資利得變成被動收入。

短期投資者，尤其是極短線的，最怕放春節那種長

假，或是出國旅遊。有朋友一定要賣光手上持股才能放心過年或出國旅遊。像我這種長期經營咖啡園的，曾有長達 10 個多月去美國大學擔任交換教授，遠離台灣股市，沒在管理或買賣，完全是放牛吃草。

感覺起來，長期投資會讓生活品質比較穩定些，日子不容易被股市的起伏而跟著七上八下，投資理財的重點還是生活品質要提升吧？但是周遭還是有許多玩短線的朋友，對他們而言，短時間內的上沖下洗的刺激感勝過一切。腎上腺激素的噴發才是重點，有賺到錢的成就感經常都有。不像長期存股的投資人，通常每年才領 1 次股利，幾乎無感。若是大樂透 1 年才開獎 1 次，應該是很快就倒閉了吧！

經濟學家凱因斯（John Maynard Keynes）在著作《就業、利息和貨幣通論》裡寫道，人類的本性是渴望能迅速得到結果，人們對於賺快錢有特別的熱情，對於長期的獲利非常不感興趣。將近百年之後，人性好像沒有什麼改變，君不見那些詐騙集團都是以迅速發財來吸引貪心的民眾上鉤，它們絕不會用長期致富

來做行銷口號。

　反過來想，在股市裡真正能每年穩定地領被動收入的投資人，就不會急著想隔日就發大財，除非是中大樂透頭彩，但是那可能要比被雷打到的機會還小吧。尤其是對退休族來說，有穩定且低風險的養老被動收入非常重要，千萬不要把養老的老本拿去博一本萬利的投機，99% 可能血本無歸。所以，我們一定要去克制人性的弱點，別急著吃誘人的棉花糖。

4-7
把套牢當存股
當心股利、價差兩頭空

常常碰到有投資人説要長期投資，卻每天盯著股價追高殺低，最後的結果是「豬八戒照鏡子，兩面不是人」。短線價差沒賺到，每天生活卻被股價搞得天翻地覆，由於並未完全了解如何長期投資，其長期績效不好也是可以預期的。

也有人是因為被套牢了，而宣稱自己是在存股或長期投資；但若股價再繼續下跌，很多人就會認賠出場，美其名為停損。

葛拉漢（Benjamin Graham）有句話是這麼説的：「當你在投機的時候，千萬不要自欺欺人地認為自己是在投資。」許多投資人甚至不知道自己買的公司是在做什麼的，會跟進只是因為聽説會賺錢。跟著大家

179

短進短出、買買賣賣，這應該算是在投機，不能算是投資。也有許多人根本都搞不清楚存股是什麼，就開始高談闊論。

套牢就認錯，趕緊賣出才是上策

就像最近巷議街談的 ETF，很多人都搞不清楚那些 ETF 在投資什麼，就閉著眼睛買下去，發現買了以後漲不動，又急急忙忙地賣掉出場。到底是要投資，還是投機？連動機都沒有搞清楚，能賺到錢只能說是奇蹟。如果真的用投機的心態買股票，套牢了，就認錯，趕緊賣出才是上策，可別把套牢當存股，最終怕是領不了股利又虧了價差，賠了夫人又折兵。

葛拉漢提醒：「應該要投資，而非投機。必須能夠了解他做的每一筆交易，也能以客觀合理的原因，說明他所付出的價格是物超所值的。」不只要清楚自己的投資目的，也要懂得判斷股票的合理價格。

真正的投資，應該是要選到一家優秀有前景的公司，

用比較合理或便宜的價格買進後就長期持有，並隨著公司一起成長，最好永遠都不要賣，當作傳家寶。

長期投資需要有耐性，畢竟過程確實很無聊，就是每年等著股利入帳，然後再繼續投入，沒什麼刺激感。但是，當你願意等待你的股票慢慢地成長，除了每年可領到還不錯的股利之外，隨著公司的成長，其股價也是漸漸增長，變成不錯的資本利得（當然，沒賣出時只是帳面而已）。

就像我形容自己的咖啡莊園一樣，種植面積愈來愈大，咖啡豆（股利）的產量逐年成長，莊園的價值（市值）也隨著增長。像是當年每股 10 元買進的統一（1216），現在已經漲到超過 80 元，還沒算上這 20 多年領的現金股利，長期投資能賺到的錢可不見得比較少！

長期投資者還是要花一點時間去做一些研究和規畫，去找出值得投資的好公司。股價波動不大的大牛股，是賺價差做波段的投資人不太碰的，因為沒有太多價

差空間好著墨。不少大型的好公司都是屬於這種不太
容易炒作的型態,正是存股族的最愛。

　　適合長期投資的公司一定是可長可久、獲利能夠持
續成長的公司。換一個角度來回顧,過去這幾十年間
有哪些產品或公司曾經叱吒風雲,而現在已經消失無
蹤了?相機底片、卡式錄影帶或光碟……等,現在都
被新的科技產品所取代。至於新的科技產品,何時會
再被更新的產品趕出市場,尚在未定之天;在科技進
步神速的 21 世紀,生產這些產品的公司自己都是戰戰
兢兢,應該不適合一般投資人長期投資,因為變數太
多,很難預測。

　　統一肉燥麵、王子麵和科學麵都是陪大家一起長大
的。幾十年過去了,它們和羅大佑的〈童年〉那首歌
一樣流行至今,只是價錢上漲了不少。類似這種長青
產品,其價格面對物價上漲時又能充分反映的公司,
應該是我們長期投資的首選吧!

4-8
獲利持續成長的公司
為長期投資首選

投資市場三不五時就會出現新議題，經常影響一般投資人在選股時的判斷。例如這幾年 ESG（環境保護（Environmental）、社會責任（Social）、公司治理（Governance））的永續投資議題甚囂塵上，是任何企業都無法驅避的議題，也考驗一家企業應變的能力，在選股時，有沒有需要將 ESG 也納入考量呢？

最理想的狀況是，在 ESG 轉型過程中還能獲利的公司應該是首選。但是這需要比較多的專業知識或是正確的資訊，大家可能要花一些時間去做功課。其次是能夠用比較少的成本去達到 ESG 要求的公司，所謂的頭過身就過，這些公司在未來仍舊能夠繼續營運。

其實個人對 ESG 這議題的認識也僅是皮毛而已，不

應發表太多意見以免誤導讀者。但我有把握的是，最終還是要回歸到企業的獲利能力上，業績還是最重要的指標。

　　針對這個議題反應快，甚至能增加獲利的公司，當然是長期投資的首選。得過且過或是不願去面對這議題的公司，早晚會被淘汰，當然也不適合我們去持有。若是 ESG 轉型得再完美，但公司獲利卻衰退，那一切都是枉然。

　　根據《天下雜誌》報導，聯合利華（Unilever）前執行長、聯合國全球盟約（UNGC）組織副董事長波曼（Paul Polman）提出的「正效益模式」正是類似的意思：企業要永續發展，只談淨零的目標是不夠的，這應該算是基本要求吧！如何與所有利害關係人共好，創造正效益才是關鍵。對投資人而言，能分到不錯的利潤才是最重要的。

　　我會認為公司的管理上軌道，有理想的領導階層，應該會很有效率地達成 ESG 轉型，也是一項值得投資

的好公司基本功。當然若有公司能將 ESG 轉型從資本
支出變成新的獲利工具那就更是完美了，像是台積電
（2330）因為要解決缺水的問題，開發出了將水循環
運用多次的解決方案，不但紓解了自身的問題，還可
以將這新開發的技術提供給其他需要的廠家，當作一
項業外收入。類似這種公司就會出現在我的搜尋雷達
中，也可能變成我的存股中的一員。

擁有寬廣護城河，是企業長久獲利的底氣

　　一家公司或企業最重要的還是獲利能力，白話文就
是會賺錢。要能長期或是年年獲利，而且逐年成長。
這種就是巴菲特（Warren Buffett）所謂的護城河很深
的公司，在市場上沒有什麼競爭對手。通常各行業中
的龍頭多是具有這種特質。

　　例如我持有最久的統一（1216），它從原物料、製
造到通路一條龍式經營，其營收和獲利逐年成長，短
中期目標是成為東南亞最大的食品集團。目前至少在
台灣沒有其他接近的競爭對手，統一護城河算很深。

　　以「鑽石恆久遠，一顆永流傳」的廣告詞聞名，壟斷世界鑽石市場多年的 De Beers 最近面臨被拆分的命運。根據《天下雜誌》報導，這是由於受到了人工鑽石的衝擊而瀕臨困境，今年（2024 年）人工鑽石銷售量將占全球的 1/5。相對於天然鑽石，人工鑽石與之難以區分且便宜許多，讓原來擁有護城河的鑽石巨人瞬間失去了幾乎獨占的地位。

　　在過去的半世紀中，我們目睹過不少原有又寬又深護城河的公司突然間被人破城而入，從此銷聲匿跡。生產軟片的柯達（Kodak）被數位攝影取代、隨身碟將硬碟和磁碟片打入歷史、筆電的簡報功能讓現在年輕人不知道當年還有投影片的存在等，這些因為科技的進步不知淘汰了多少當年稱霸的「好公司」。對長期存股的投資人而言，一定要能不斷的去確認公司的護城河是否有淤積，看似堅不可摧的城堡有沒被攻破的可能？

4-9
預留緊急備用金
以免被迫賣股應急

　　若要想存股來達到財務自由，就需要長期持有好公司的股票，能提供穩定的現金流、且股價會上漲，然後讓時間去完成利上滾利的複利效果。

　　這段滾雪球的過程是需要長期抗戰的，許多人卻沒有將生活帳戶和投資帳戶分開，或是生活帳戶中沒有預留緊急備用金，以至於有突發事件時，需要賣股票來變現應急，這樣很可能會賣在不該賣的價位而造成損失，也沒辦法產生複利效果而破壞了整個財務規畫。因此身邊最好要有一筆緊急備用金，以備不時之需（詳見圖1）。

　　因此平日的短期日常支出要有足夠的餘度，不能和長期投資的資金混在一起。有些人某月需要繳保險費，

或是 5 月份要繳所得稅，這都是一筆額外的支出，應該先要有準備。

我這幾年的做法是，在配息季節告一段落時，將領到的現金股利先轉到我郵局的生活帳戶，預留未來 1 年的生活所需。水電費、卡費、零花錢和隔年的所得稅，全部由這個生活帳戶支出，完全不用擔心手邊的錢會不夠用而需要賣股來應急。我也會每個月去補摺，以確定餘額。

等來年 5 月繳完所得稅之後，若還有足夠的子彈和不錯的買股機會，就會轉去換幾張股票等待參與除權息，2、3 個月後，就能再多增加一點股利了。接著又進入了下一年的循環，會突然發現時光過得還真快！

生活帳戶》至少預留3個月緊急備用金

緊急備用金要留多少，其實沒有標準答案，個人的淺見是，3 個月到 18 個月的月支出是可以參考的範圍。如果有穩定的月收入或現金流，個人覺得 3 個月

圖1 預留緊急備用金後，餘錢放入投資帳戶

生活帳戶vs.投資帳戶

生活帳戶

◆ 平時生活費支出從生活帳戶支出

◆ 預留至少3個月緊急備用金，可視個人生活及財務狀況增加

投資帳戶

◆ 預留緊急備用金後，餘錢放入投資帳戶

◆ 投資帳戶專款專用，開始投資前幾年盡量只進不出

的月支出庫存，應該足夠應付任何突發開支。

　　當然，留多一些更安穩，不必臨時需要賣股籌錢或拉下臉向親友開口借錢。若能預留 18 個月的生活費在手邊，在遇到像是被解僱，或是像新冠肺炎疫情造成沒有收入的情況，至少有 1 年半的時間，能讓日常生活不至於受到影響。在財務上的安心，不只是經濟生

活獲得穩定，心理上的篤定可能更重要。平日聽到的月光族，若沒有任何儲蓄，任何風吹草動，都會嚴重影響生活。

投資帳戶》沒有出現賣出理由時，只進不出

留下了緊急備用金，多餘的錢才能放到投資帳戶，讓錢滾錢去製造被動收入。而在投資帳戶裡的錢，可以等有合理價或便宜價出現時買進持有。

在剛開始的幾年中，建議投資帳戶的錢只進不出，沒有出現賣出理由時，絕不賣出且繼續增加持股。通常至少要領過 3 次股利後就會看到自己的存股績效，也能養成固定儲蓄的習慣，這時大概就脫離了新手上路的惶恐，開始悠閒地享受不用天天盯盤的生活。

預留緊急備用金會比較沒有後顧之憂，可以使每天的生活過得更從容一些。理財真正的目的是要能提升生活品質，如果常常為了財務而搞到雞飛狗跳、人仰馬翻地，那就得不償失了。

4-10
盡早達成財務獨立
不再為錢而工作

　　每週日我都會買 1 份《聯合報》，主要是為了玩〈元氣周報〉裡的數獨，我喜歡這種訓練邏輯思考的數字遊戲，至於周報的內容通常是快速略過。然而最近一期的封面標題，卻深深地吸引到我的注意力了——「以防萬一活到 100 歲」。

用穩定的股利收入安度晚年

　　現在一般人多在 60 歲～ 65 歲離開職場，開始進入退休生活，若是能活到百歲，那表示還有 35 年～ 40 年的餘命。因為醫療科技和養身保健知識的快速進步，不久的將來，長命百歲也將成了多數人的基本消費額了。當然，要能健健康康地去享受銀髮生活，還需要有足夠的財力來支撐；否則，退休後沒幾年就將老本

花光，再想回到職場，可能難度也很高。那剩下的日子要靠什麼來支撐？存股族中有許多退休人士，靠著每年穩定的股利收入來過著無憂的晚年，應該是人生規畫中重要的一部分吧。

關心投資理財的讀者們，應該都聽過「FIRE」，當初我會接觸到「FIRE」也算是一種意外。那時我的第 1 本書剛出版，出版社也有另一本新書《賺錢，更賺自由的 FIRE 理財族》要上中廣流行網《週末煉金術》主持人金溥聰的節目介紹，一時好像沒有適當的推薦人。得知後，我就自告奮勇地接下這個臨時的任務，主持人是我仰慕已久的名人，加上我又多了一本有趣的書。另外，也可以順便將我的書在節目中置入行銷，何樂不為？

「FIRE」的全名是「財務獨立、提早退休（Financial Independence and Retire Early）」，指的是當你獲得財務獨立或財務自由之後，不再要為每天生活所需而辛苦工作，自己的被動收入已經足以讓你衣食無憂。這時也就可以提早退休了，不用像一般人那樣必須工

作到 65 歲，甚至更晚才能退休。

當「FIRE」流行時，新聞常報導某某人在 30 歲就提早退休，又有哪位在 40 歲出頭就不必工作而去環遊世界。許多類似的報導，似乎造成了一種誤導，令人以為能夠 FIRE 的人，都是整天無所事事、遊手好閒，只會買車、炒房和比名牌包包。

其實不然，我自己給「FIRE」下的定義是——當我獲得財務獨立之後，我的退休生活將能「不再為錢而工作」，不是不再工作，我可以去做自己喜歡做的事，有沒有報酬都無所謂。「FIRE」是讓我們不用考慮到金錢，獲得選擇的自由和擁有了自己的時間。

我是在 55 歲時提早退休，擁有了「度日如年」的生活——天天像是在過年。除了有被砍的退休金之外，還有不錯的咖啡園當後盾，讓我從容地面對物價上漲，買書、打球運動、與人分享投資心得、認識新朋友和找老友敘舊成為我 FIRE 生活的重心。當然每個人的規畫和興趣大相逕庭，但是每個財務獨立的人，都應該

過得更快樂、生活更有品質。

準備退休金須考量「長壽風險」和「通膨」

不管你是否要存股或從事任何投資，絕大多數人都還是要將自己或家庭的財務打理得當，否則不論收入多高或是含著銀湯匙出生的人，都可能面臨財務出狀況，甚至是破產。我們的傳統教育幾乎沒有教導理財方面的知識，這幾年投資理財突然變成顯學，書店和網路上有著各種不同的資訊，大家如何取捨就變得非常關鍵了。

我認為投資理財有快速學習的方法，但是要發財致富卻沒有捷徑。除非是中樂透頭獎，否則想快速致富，往往是賠光的機率更高。

要能財務自由或財務獨立，每個人的情況都可能不一樣。通常是每個月的基本開支愈少，就可以愈早開始只靠被動收入維持基本的生活開銷。例如某人每個月 3 萬元就可以打發了，那他可以先以 36 萬元的被

動收入為目標，保守點用 5% 的殖利率來算，大約要存到 720 萬元的母金；若是開銷較大的，可能就要多存幾年，或是從更年輕時就開始存股。現在有 20 出頭的年輕人已經是存股族了，持之以恆，說不定 40 歲前後就可以財務自由了。當年我 40 歲時還只會省著用，多的錢放郵局定存，早些開始，能更快迎接不用為錢工作的生活。

在準備退休金的時候，也別忘了考慮「長壽風險」和「通膨」。像是我們嬰兒潮這一代，是所謂的三明治世代，上有父母長輩要奉養，下有子女待養育。好不容易熬到退休，正要享受人生美好的黃昏時，又碰到物價上漲，不少人還要幫忙顧孫。原本有餘裕的退休準備，很有可能被通膨怪獸吃掉一部分，活得愈久，就愈可能碰到財務出現破洞。

許多人認為退休後只要粗茶淡飯，花費不多，少許退休準備即可應付日常開銷。沒錯，退休的日常開銷是可能少一些，但是因為餘命增長，醫療照護方面的開銷會遠大於年少輕狂的年代。雖然我們的全民健保

算是很完整，但還是有一些健保沒有給付的部分。當我們有健全的財務體質，可以有比較多的醫療選擇，讓晚年生活至少不要拖累到他人。

老一輩的那一代在 65 歲退休後，許多人的餘命並不長，能過 80 歲就算是高壽了；由於科技和營養再加上重視養生和運動，到我們這一代，活過 80 歲已經不奇怪，生活周遭隨時都能碰到年過 90 的老人家，過百的高齡者也是時有所聞。這個現象應該是一喜一憂，喜的是餘命增長不少，憂的是萬一退休金不夠怎麼辦？從我們嬰兒潮這一代開始，絕對要多準備一些退休金，否則等 80 歲後還有可能再度就業嗎？

況且，通膨會讓貨幣的購買力逐漸減少。在我的記憶中，小時候許多東西價錢都不到 1 塊錢。那時新台幣最小的是 1 毛錢，還有 2 毛錢和 5 毛錢，1 塊錢是 10 個 1 毛錢。高中時，在台北的學生月票 1 張有 60 格，搭 1 次公車要 1 格，每格 5 毛錢。現在的學生票不知漲到幾塊錢了？羅大佑的經典歌曲〈童年〉，歌詞裡的「口袋裡沒有半毛錢」寫的就是那時的情景。

現在的年輕人可能只會跟著唱而不知道意思為何吧？這就是物價在逐年上漲。當我們在還有收入且薪水逐年調升得比物價上漲還多時，生活中雖然市面上的東西都貴了，但不會感到壓力。

等我們退休後要靠退休金或存款的時候，為了應付以後的生活開銷，大家的資產也需要能跟得上物價的上漲，否則日子會愈過愈拮据；若再碰到有任何的意外支出，尤其是醫療長照，那無疑是雪上加霜了。

所以在為退休做準備時，別忘了要將未來的物價上漲算進去，最好多留一些，總比到時花光了還沒接到老天的報到通知要好。最現實的是，現在定存利息遠低於物價上漲，存在銀行的那些老本很有可能不夠用。

4-11
想準備足夠的退休金
就從現在開始

　　何時應該開始規畫存退休金呢？我的答案有 2 個，第 1 個是「愈早愈好」，用存股來存退休金，也就是所謂的滾雪球式來累積未來的退休老本，是要靠時間來發揮複利效果。愈早開始存，就可以用比較少的資金起步，錢少時間多。

　　像我是 45 歲才開始，那就需要能存比較多的錢，來彌補前面浪費許多年寶貴的時間。這正是千金難買早知道的最佳範例。按照美國的研究結果，想要達到相同的結果，大約每晚 10 年就要多存 3 倍的錢。20 歲時每個月存 1,000 元，若 30 歲才開始就要每個月存 3,000 元才會累積差不多的資產。希望年輕讀者不要覺得離退休還很遙遠，能夠趁早輕輕鬆鬆地開始往財務自由的路上邁進不是很好嗎？

第 2 個是「立刻開始」。時間不等人，而且年歲愈大會覺得時間過得愈快，讓人有時不我予的感覺。若你已經有些年歲了，請最好開始自己存退休金，除非你很有錢。只靠一筆退休金可能無法滿足退休後的生活支出，一般人保險都不只有一個，那為何不多存一筆讓自己生活得更自由更自在的退休金呢？

我很羨慕那些更早獲得財務自由的存股達人，好在我雖然起步稍晚，但只要方法用對、存到好股，還是可以無憂地享受不再為錢而工作的生活。

別因為起步晚就想賺快錢

我最擔心的是 2 種人，一種是覺得來不及了，而放棄存退休金的念頭，走一步算一步，等到時候再說吧。

另一種是想快速獲得財富，想要一步登天，這種人正是詐騙集團會鎖定的待宰羔羊。詐騙集團會打著快速獲得財富的招牌，讓想發財的人覺得一切簡單、迅速且理所當然，等夢醒時分看到自己的存摺之後，才

知道自己被騙了。

　我將「財務自由」、「退休」定義為不再為錢而工作，能夠自由從事你喜歡的事物或工作。也許是繼續現在的工作，因為你樂在其中。你也可以去做你夢想的工作，不用去計較收入多少。當然一般人也會含飴弄孫、旅遊、學才藝或做公益，反正現代人的退休絕對不是在家吃飯、睡覺、看電視和等死。我們的退休生活應該是生命中的第二春，大家要能樂在其中。

　要能達到上述的退休生活，我們存股的被動收入要能至少比預計的生活支出多一些，還要留一些餘裕來應付突發的支出和逐年增加的物價上漲。例如月支出是 5 萬元，那每年的股利收入應該大於 60 萬元；如果以 5% 的獲利來算，戶頭裡應該至少要有市值 1,200萬元的存股資產。

　當然大多數人都還有一筆退休金或月領退休金，每個人就可以按照自己的情況來做調整，寬鬆一點地規畫，總是能讓人退休生活過得比較從容吧！

　　我現在的存股咖啡園中，有超過 20 棵咖啡樹，不過占比前 8 名的股票合計就超過 80%，其餘的就是一些零星的股票。有人好奇，這樣不會太複雜嗎？退休族到底該採取更簡單的投資組合？也有人說，是不是該買更多股票來分散風險？

　　退休 10 幾年來，我仍然按照存股的基本原則去執行，沒有必要刻意去簡化投資組合，也不會為了分散風險，而去多買一些其他不熟悉的類股。

　　說實在的，如果當年能夠早早認識巴菲特（Warren Buffett），將留學所省下的美元去買波克夏海瑟威（Berkshire Hathaway）的股票，並從 1985 年存到現在，什麼事都不用做，就可能坐擁幾百萬美元以上的資產。但是千金難買早知道，晚了 20 多年才起步，也只能安步當車，一步一腳印地去慢慢地存股了。

　　總的來說，公司一定要選對，並不一定要因為退休或年齡增長，而改變原本就能穩定獲利的投資方法。

Chapter 5

打破投資迷思

5-1

進場投資前
先搞清楚為何而買

　　曾有同事說，他想要長期投資，問我都買什麼股票。我現在不隨便報明牌，而是希望能用 2 個小時來和他分享我的投資原則與方法。他的回覆是，還要 2 個小時，那再說吧！我的想法是，若不知為何要買這檔股票，面對現在波動的股價，要如何長期投資呢？

　　巴菲特（Warren Buffett）有一句名言：「（投資）風險來自於你不了解自己在做什麼。」想要發財的人一直很多，但是真正致富的人卻是如鳳毛麟角。在股市殺進殺出的人也不在少數，但是幾隻黑天鵝飛過，能夠全身而退的好像也不是多數。為何會這樣呢？我想最有可能的答案是，這些投資人不知道該做什麼？或是不該做什麼？以至於在股市裡無法達到自己的理財目標。

　　因此，若是不清楚為何買進那些股票，那我會建議還是不要學著我買。例如我們今天都用 75 元買了 1 張統一（1216），對你來說，你的成本是 75 元；對我來說，是多存 1 張統一，我的總平均成本約 31 元，兩者價格相差甚遠，承擔的風險就不同。在你沒有做好長期投資的準備時，若是下週統一跌到 73 元，你會怎樣呢？也許是認賠出場，然後臭罵我一頓，因為你不知道你在做什麼。

　　長期投資需要時間去發揮複利效果，在這段等待的時間裡，投入的本金至少不能持續虧損，配到的股利也要繼續投入，讓這筆錢能夠利上滾利，才能看到效果。搞不清楚其中的意義，很可能無法接受價格波動而賠錢出場。

　　有同事向我抱怨，他買的股票都在賠錢。他都是聽家人報的明牌，就跟著買，也不問這家公司經營的是什麼，或是公司有沒有賺錢。他的理由是他家人已經繳了幾萬元的會費，一分錢一分貨，不會錯。像我這樣免費想和他分享，他卻不太願意花時間聽一聽當作

參考。重點是，他一直在賠錢，卻仍樂此不疲，不知是習慣於損失，或是還沒想通？

別投資聽不懂的標的

有些早上在公園運動的退休族和菜籃族，做完早操之後就成群結隊地去號子看盤，許多人完全不懂投資，也跟著大家一起湊熱鬧。股市多頭時，怎麼賺的都弄不清楚，每天過得像是在天堂一樣。但是只要碰上 1 次股災，就有可能血本無歸。過去 20 多年，網路泡沫、911 事件、SARS、金融海嘯，再加上這次的新冠肺炎疫情就至少有 5 隻大黑天鵝，不知讓多少投資人被整慘了。

現在回頭看，前面提到的巴菲特那句話還真是投資者的至理名言。想要管理自己財務的投資者，你還是要先知道自己在做什麼，任何投資都一樣，否則你的投資風險還真的不小。

我老爸當年縱橫股市時，好像什麼股票都曾擁有

過。我猜其中至少有一半的時間，他都不知道自己是在投資，還是在跟著號子裡那些老戰友在各種消息中殺進殺出，曾經擁有過幾百元的 3 家商銀（現為彰銀（2801）、第一金（2892）和華南金（2880）），可能是跟著大家一起追高。等股價下殺時，眾難兄難弟也一起跟著跳樓。幾十年過去了，至今還沒有看到哪家金融股有超過百元的身價。

搬來高雄後，他常在理專的推薦下買賣各種不同的基金，一會兒是拉丁美洲基金，轉眼之間又去了中東，我笑他是在全世界走透透，沒賺多少錢但是樂子不小。金盆洗手退出股市後，最讓他老人家得意的是，他沒有投資雷曼兄弟（Lehman Brothers）的連動債。當時，有理專向他推薦，他好奇地問那是在投資什麼。不知是重聽，還是理專也不太能說清楚講明白，幸好老爸沒有投資他聽不懂的標的，因此沒有踩到那顆大地雷。

股市裡，許多投資人不知道自己在做什麼，所以增加了很大的風險。巴菲特曾說：「如果你下場玩了撲克牌 30 分鐘，卻不知道誰是冤大頭，那麼你就是那個

冤大頭。」巴菲特喜歡打橋牌，我們也可以將這句話引申到投資股市上。許多人都在牛氣沖天時進入股市，賺錢後，每個人都自以為是股神，說起股票更是眉飛色舞、意氣風發而不可一世。

然而股市不會天天漲不停，等股價下跌時，誰是高手？誰又是冤大頭？就立刻被檢驗出來。現實中，有人做了好幾次冤大頭還不自知，一直以為是運氣不好而已。不要等到賠到光屁股時還沒覺悟，怨天怨地就是沒怪自己。

不要為了紀念品而買股票

每年上半年是各大公司開股東大會的旺季，也是小股東領紀念品的小確幸時節。雖然近幾年收到「恕不發放紀念品」的通知愈來愈多，但是如中鋼（2002）、聯電（2303）等公司的紀念品每年仍令人期待。

早年有人為了領紀念品而買股票，但這不是在投資一家公司。這種投資客還不算少數。我有個要好的朋

友看到王品（2727）給的優惠券，用 60 多元價格買了 1 張，領到紀念品後，賺一點價差就獲利了結。我和他一起試水溫買的那張現在還在，我多領了 2 次紀念品、1 次股利和不少的資本利得。2024 年王品用 2023 年獲利配出每股 14.94 元的現金股利，也還有股東會紀念品，我朋友又用 200 多元股價買了 1 張再快閃一次。他多次進出都沒有賠錢，也賺到紀念品。這倒是讓我好奇，買股票的目的到底是什麼，真的有不少人為了紀念品買股票嗎？

真正的存股是希望能用合理或更便宜的價格去成為一家績優公司的一分子，每年能安穩地分配到比銀行定存豐厚的股利，並且能與公司一起成長也賺到資本利得。

若是公司沒有發紀念品其實也無傷大雅，我們大可拿領來的股利去買自己喜歡的紀念品，這不是更好嗎？相比家裡堆滿歷年不知如何處理的各公司紀念品，存摺裡入帳了令人滿意的股利，應該是後者更令人興奮許多吧！別忘了自己是為何要進股市。

　　不過，最近發現網路上還真的有個紀念品拍賣網站，中鋼和聯電的紀念品都還不便宜，也很搶手呢！我也在考慮領到的中鋼砧板是否要上網拍賣，反正也是放在櫥櫃裡招灰塵。

5-2

嚴守存股紀律
克服「堵車效應」

　　以前台灣的高速公路只有國道 1 號時，從雲林西螺到台中路段經常堵車。那時還沒拓寬，只有雙線道，堵在外車道時，就覺得內車道在前進；忍不住換到內車道後，就發現外車道開始有動靜了，好像只有自己的車在車道間換來換去，走得最慢。這種狀況我稱之為「堵車效應」，在股市也常有類似的現象，自己買的股票都不動，甚至下跌，好像漲的都是別人的股票。陷入堵車效應的投資人，會開始跟著大家買買賣賣，追高殺低。如果你也有相同的習慣，得要好好盤點一下投資帳務，用這種方法到底有沒有獲利？如果是常常賺少賠多，是否要考慮換個方法？

　　還好在個人的投資過程中沒有發生堵車效應，原因之一是，我沒有時間去盯盤，也不喜歡那種短進短出

的方式，因為聽到太多人抱怨都在賠錢。這就好像擠在電梯裡，突然聽到有人抱怨有臭屁，我會停止呼吸，而不會吸一口氣去確認吧！

不過，身邊有人跑短快速地賺大錢，一開始確實會讓我感覺不太舒服；看到別人的股票飛漲，自己的卻紋風不動，多少會讓人懷疑人生。但我還是有耐心地存好股，用時間讓複利效果慢慢發酵，這種不愉快的感覺就漸漸被一種從容所取代了。

2023 年的那場 AI 浪潮，讓我蟄伏多年的「泛宏碁股」，包括宏碁（2353）、佳世達（2352）、緯創（3231）開始動了，雖然潮水已經退去一些，但是2024 年才應該是 AI 元年，據說會有至少 10 年的好光景，這讓我決定好好鍛鍊身體，以見證黃仁勳的預言是否和他推薦的美食一樣，讓人沒有話說。

台股有上千家公司，其中值得長期持有的好公司不在少數。有的是一直沒有等到好價格，算是失之交臂，暫時與之無緣，例如：台積電（2330）、台達電

（2308）、巨大（9921）等公司。也有許多公司的
領域個人不太了解，即使再好也只有忍痛不碰。

當時間拉長了，自己存的那些股票成長也符合預期，
自然就不會想要再與別人攀比，否則人比人會氣死人
的。我有 2 位同學，一位股利年領超過 800 萬元，另
一位更超過千萬元。怎麼比？所以，只要自己的資產
有按照計畫成長，把自己顧好。要與人比還真的是沒
完沒了，就別自尋煩惱了！

避免用賺價差的心態存股

想靠存股達成財務自由，心態一定要正確。不能用
賺價差的心態去存股，尤其是所謂停利、停損的做法，
在存股時是不適用的，因為不合邏輯。想要長期投資
的應該是在股價合理時買進，當股價變得更便宜時，
應該考慮再買進而不是停損賣出。

例如我在股價 69 元買了王品（2727），若王品繼
續跌到 60 元，如果手邊還有閒錢，我會再買，絕對不

會停損殺出，認賠了結。後來王品漲到 100 元，我也沒有像一般人去停利，入袋為安。因為沒有停利、停損，所以我現在擁有超過 200 元的王品，雖然持股很少就是了。

我的買股紀律是一定要符合好公司的條件，才會放進候選名單中，然後再根據下次可能或已公布的配股息去算出合理價格。例如這幾年大統益（1232）都配每股 6 元現金股利，參考 5% 的殖利率，其股價在 120 元應該是合理價位。若大統益股價低於 120 元時，我會考慮買進。

買進後如果碰到了什麼特殊事件，股價被大盤拖累而跌到 100 元，賺價差的人多半會停損，因為怕跌更多而認賠出場；但是存股者不應該跟著恐慌，而是要看是否有便宜貨好撿，因為買進的價格愈低，就代表著殖利率愈高。當然，先決條件是，公司的營運沒有出狀況，股價只是隨著大盤起伏而已。

幾年前大統沙拉油出事，第 2 天所有食品股都大跌，

多一個字的大統益當然不能例外。現在回頭看，那時被連累的大統益還真是跳樓價，幾年內都可能再也看不到了。

不定期追蹤公司營運表現並留意股價位置

存股者與投機者，在買賣思維和策略上有很大的不同。投機者會預測股價，漲愈高愈敢買，看錯方向或股市大跌時就停損；存股者則是喜歡等到股價合理或者更便宜時才買進，尤其是股市大跌時，更不能錯過那些被錯殺的好股票，就像消費者看到平時在買的商品下了折扣，哪有不多買的道理？

好比說，平時會去市場買顆大白菜來燉火鍋，正常價格是 50 元 1 斤；改天降價成 25 元 1 斤，如果吃得了，就再多買 1、2 顆，而不是把先前用 50 元買的賣掉拿回 25 元。平常消費時再合理不過的事情，激情的投機者在股市中恰恰有完全相反的表現，別人在躲天上砸下來的刀子時，我們是在找禮物。根據多次親身的經驗，股災就好像百貨公司週年慶，許多好股票

都是跳樓價。事後回顧，只恨自己沒能多買幾張。

　　領被動收入的存股投資人不用天天盯盤，只需要不定期追蹤公司營運表現及股價位置：

　　1. 追蹤公司營運表現：讓我們確定它是否仍在「好學生」的名單中。

　　2. 留意股價位置：股價是買進或加碼與否的參考。

　　身為存股族，我一向很理性，不會交易得那麼頻繁，嚴守著買賣的紀律，不去羨慕他人賺了多少價差，也不會跟著大多數投資人起舞。心理也不能被大多數的新聞報導或評論所動搖，因為那大多是對低買高賣賺價差的人有影響，對想存股堆雪球的人不一定有幫助，甚至有害。如果投資人想要存股，卻仍是跟著大家買高賣低，不能長期持有股票讓其產生複利效果，結果可能是全盤皆輸。

5-3

存股須長期抗戰
避免2原因導致失敗

決定存股的投資人，剛開始一定是雄心壯志，想朝著財務自由的目標前進。但也看到不少人半途而廢。存股明明看起來很簡單，為什麼還是會失敗？根據我的觀察，不外乎 2 大原因：

原因1》道聽塗說，跟著消息買

雖說要存股，卻不認真挑股票，只想到處打聽明牌；買到的股票都是聽說的，不是真正值得投資的股票。我有些朋友見面打招呼，都會用「報個明牌！」來替代傳統的「吃飽了嗎？」

股市中這樣的投資人不少，能賺錢的卻寥寥可數。這幾年新聞常報導各種「概念股」，許多股民還搞不

太清楚葫蘆裡賣什麼藥,就已經爭先恐後地投入大筆資金,甚至 All in(全壓)。就像是沒學過開車,第 1 次開車就上高速公路,出事的機會很大!若是僥倖賺到,或許還以為自己是民間股神,殊不知日後可能會變成股海亡魂。

近年掀起的 ETF 狂潮,已經不單純只是追蹤大盤指數,標榜高息型的 ETF 有五花八門的選股邏輯,還有些主題型的 ETF 只投資特定產業……,許多人開口閉口都是「OOXXX」,也不問是什麼,先買了再說。雖然不至於像是虛擬幣或另一個鬱金香泡沫,但是不認真做功課的話,買錯或是買貴的機會也不小。

原因2》缺乏耐心,有獲利便停利

剛開始存股的投資人,最常面臨的心理狀態有 2 種情況:①太急著賺錢,買進後幾乎天天盯著,好像在對樂透彩券一樣,希望能立即發財。但現實可能是買了之後帳面小虧的機會很大,存股小白就很可能過不了那個障礙;②幸運地買後就漲,很急的人就想獲利

入袋，或是馬上再追高加碼。這 2 種情況都很容易讓人每天都緊張兮兮，甚至影響到日常作息，進而降低生活品質。

葛拉漢（Benjamin Graham）有句名言：「投資者的主要問題，甚至是他最大的敵人，很可能是他自己。」尤其是對長期投資的存股者而言，真的要克服自己的心魔，隔離外在不斷出現的雜音。買進好股票後，要有耐心讓時間去完成它的工作。

存股是一個漫長的投資過程，心理要有長期抗戰的準備；需要固定的儲蓄習慣，再加上時間來產生複利效果，這一切都是急不得的。短期間股市的波動或各種不同的雜音，要能視而不見或是充耳不聞，理智地篩選訊息，不盲目地隨眾起舞。許多時候，存股者是很孤單的。

「歐洲股神」科斯托蘭尼（André Kostolany）有個著名的建議，要投資者到藥店買安眠藥吃，然後買各種績優股睡上幾年。意思就是選對了好公司，就讓時

間去等其成長，這段過程就像是在睡覺，我們不用做什麼，等著收成就好。

2024 年 AI 風潮席捲台股，輝達（NVIDIA）的股票在美國漲得令人血脈賁張，與輝達沾上邊的各家股票強過台股的漲幅。我有一位要好的同學，他在當年「顯示卡三雄」的時代（微軟（Microsoft）、超微（AMD）、輝達）就看好輝達。

當時輝達將發展出的新影像 GPU 平台免費送給車廠、實驗室、電腦公司和學校並樂意提供必要的協助，他認可公司策略並買進輝達的股票，但是小賺就獲利了結。如果當時他是用存股的心態投資，應該會有耐心持有到現在；但現在感覺好像是把中頭彩的彩券給弄丟了，可能還要懊悔好幾年。

再分享 2 個例子。我父親早年曾用孫子的壓歲錢替他開戶買股票，多年下來算是買多賣少，買的都是績優股，但也不算是在存股，曾經低價買入的台積電（2330）並未持有至今，稍有獲利後就入袋為安。而

當初被套牢的鴻海（2317）和中信金（2891）就一直留至今日，幸好這對落難多年的難兄難弟在 2024 年鹹魚翻生，股價大漲後讓我兒子戶頭的現值大增，只是仍遺憾沒能賺到台積電的巨大資本利得。

2009 年股災時，我和同事討論該買什麼股票，那時我們一起用股價 14 元買了中華（2204，中華汽車）。不久後，中華跌到 12 元，同事怕還會再跌，就認賠停損出場，他是事後告訴我的。

而我在 12 元時又增加了 1 張，理由是既然 14 元是我認為的合理價，跌到 12 元時應該是更便宜了一些。當時先買 1 張，是打算等有更低的價位再買，但也就只撿到這 1 張。我是在存股，所以我的中華至今還在，領了好多次股利，也有未實現的資本利得。同事雖然也想存股，但是心態仍處在賺價差，一看跌就開始擔心會跌更多，無法好好享受到長期持有的好處。

可見，只要持有的是好公司的股票，一時被套或是有些獲利，都不要任意停損或停利，長期持有幾乎都

可以有不菲的獲利。

克服恐懼，股災時靜待市場反彈

對未來的無知往往會造成「恐懼」，影響到我們對事物的判斷。在我的投資生涯中遇過幾次大股災，每次股市的重挫，沒有哪家公司可以倖免。多少投資人在恐慌中跟著殺低落跑，甚至帶著重傷離開股市。

愚鈍的我既無法事先預知，也沒有快手快腳地跟著大家殺盤，只能眼睜睜地看著自己持股淨值在快速地縮水。不知是神經大條，還是有些天賦，總能在每次亂局中全身而退，還順便多買了幾張好股票。於是當景氣回復之後，原來失去的連本帶利都回來了。若是股災像是快速退潮，那災後的漲潮回來得更猛更高。

經過了幾次大震撼，我已經練就了處變不驚的護體神功，知道經濟長期是在成長的，好公司是能等得起考驗的，而且股災時，市場會以打折價來犒賞有信心的長期投資人。既然長期能夠穩定獲利，短期下跌所

造成市值的減少就不會造成恐懼的停損，反而能勇於去尋找便宜的買進機會。

避免貪婪，別把股市當賭場

相對於恐懼，個人認為「貪婪」更是造成在股市中虧錢的另一大主因。許多人都想要一夜致富，所以彩券才會大賣。在股市中抱持同樣心理的人不在少數，再加上媒體報導的推波助瀾，趨勢長期向上的投資市場往往被當成一翻兩瞪眼的賭場，至少對不是少數的散戶而言更是如此。

歷史上有名的鬱金香事件，就是由貪婪的投資人去瘋狂地炒作，泡泡愈大，大家愈瘋狂，貪婪到失去理智；直到沒有下一個更貪心的接棒人，原來的天價瞬間被打回地面，還躺著一堆哀號的受害者。類似事件仍然不斷在股市中上演，如同傑西・李佛摩（Jesse Livermore）的名言：「華爾街股市根本沒有新鮮事。現在股市發生的都在以前發生過，未來也將會不斷重複發生。因為人性永遠不會改變。」

在股市中，可能每個人都會恐懼和貪婪，包括我自己在內。重點是，不要讓這兩者來控制我們，我們要學會駕馭它們。就像巴菲特（Warren Buffett）所言：「當眾人貪婪時恐懼，當眾人恐懼時貪婪。」

想長期存股的人，應該要學著去判斷股價大跌和暴漲的原因。若是公司有基本業績的支持，其股價大跌時是我們該貪婪的時機，至少不要跟著大家認賠殺出，因為有可能買不回來了。若是產業或公司營運好到讓股價大漲，且確定不是泡沫的話，我們可以考慮在相對合理價時買進並持有。而平時沒有大事發生時，就好好維持著買進就持有的存股紀律，直到有要賣出的情況出現。當然，最好的情況是一直持有並逐漸增加持股，總有一天能感受到複利的奇蹟！

5-4
破解6個不存股理由
股災後資產仍能成長

　　雖然這幾年「存股」廣為人知,也是各大媒體、網路社群的主流話題。但是,真正存股的投資者,恐怕屬於極少數的稀有動物。就個人多年與身邊的親朋好友交換投資心得的經驗,發現還是有很多人不敢投資,錢只敢放在銀行;而敢投資的人,也不見得會選擇存股這個投資方式。我觀察許多人無法存股,可能有以下幾個理由:

理由1》以為存股需要一筆可觀的資金

　　看到媒體報導存股族的被動收入多以百萬元起跳,直覺認為那一定需要投入上千萬元的本金,才有可能領到那麼多的股利;而自己沒有那麼多的存款,怎麼可能去存股?

殊不知媒體報導的，都是存股多年累積的成果。其實不少存股投資人都是從小額儲蓄開始，我買股票的第 1 筆金額是 60 萬元，並委託家父代操，那時還不算是存股，而是將原本的固定儲蓄投入股市。現在買零股很方便，隨時開戶，從薪水撥出一部分、拿出壓歲錢或小額存款，都是很好的開始。

理由2》認為自己沒有發財命

這是一個很扯的理由，但是還真的有人這麼認為。個人當年還沒退休接受《Smart 智富》月刊訪問，雖然用了假名，但還是變成校園裡的知名人物。同事碰到也不免討論一下股票，我很樂意與人分享我的存股方法。有人願意花 2 個小時聽投資福音，卻有人說沒有發財命，寧願喝茶聊天，也不聽我興奮地說股票、談理財。

理由3》認為已經沒有便宜的股價

有人認為我們都是存股多年，持有成本已經夠低，

才有今天的成績；現在股市正處在高檔，很多股票都漲了好幾倍，已經不是存股的好時機。根據個人經驗，在低利率的當下，只要找到好公司，等一個合理的價位，隨時都是開始存股的好時機。存股是需要時間來產生複利效果，愈早開始愈好。當然我也希望能在 20 多歲時就開始存股，這樣的話現在就能出更多本書了，但是過去已經無法追回，當下開始永遠不遲。

理由4》想要一夜致富

對許多心急的投資人來說，每年領 1 次股利太慢了。尤其是股市開放當沖降稅刺激成交量，再加上新冠肺炎疫情期間造成那波航海王衝浪的激情，股市瞬間變成天天開獎的樂透，每個投資人都想成為樂透得主，而不想成為 1 年才收成 1 次的老咖啡農。

近年有些公司和 ETF 為迎合心急的股民，改成 1 年多次配息，有半年配、季配，甚至月配。或許這麼做，能讓大家有常常中小獎的好心情，進而繼續長期持有的意願吧！

理由5》習慣賺價差

畢竟股票市場的主流還是在看線型、賺價差,大多
數資訊和分析也不脫技術分析來判斷股價的走勢。在
大勢所趨之下,要改變投資習慣還真不容易。重要的
是,如果你是賺少賠多的投資人,應該可以考慮改變
投資的方式了。

理由6》從眾心態

跟著大家走、趕流行是人的天性;在股市裡就是追
高殺低。不過,有時候群眾是盲目的,我們要有判斷
力決定是否跟進。當發現股市狂飆,大多數人賺錢笑
到合不攏嘴時,作為謹慎的投資人,應該要判斷是否
隨之起舞,還是要等狂潮退去再說。股災來時,大多
數投資人在逃命,只有極少數的存股族,敢在這時買
進天上掉下來的禮物。

葛拉漢(Benjamin Graham)有句話:「通過培養
你的紀律和勇氣,你可以拒絕讓別人的情緒波動支配

你的經濟命運。」經過幾次大股災的洗禮之後，可以
發現每次股災降臨時，都是收到老天禮物的時候。當
然我是沒有股災預測能力，就像躲颱風一樣只能看著
資產縮水而無所作為，只能等風暴接近尾聲時開始尋
找被錯殺而超跌的好股票，增加庫存後靜待大盤回穩。
每次股災過後，個人的資產都會有所成長。

切勿借貸買股
杜絕債台高舉的風險

　　有讀過物理的人，應該知道何謂「槓桿原理」，在投資界的槓桿原理就是擴大信用，槓桿工具包括傳統的融資、期貨與選擇權等。現在也有愈來愈多人喜歡透過「股票質押」或「房屋增貸」的方式取得借款，增加投入股市的資金，以期能快速達到獲利的目標。

舉債投資恐落入賤賣股票的窘境

　　這種透過借錢的方式來投資，固然有機會將獲利放大，但伴隨的風險也隨之增加。有同事曾用自有資金100萬元，再加上借來的200萬元投入股市。若是運氣好碰上股市上漲，帳面上是獲利20%出場，但因自有資金只有100萬元，實際投資報酬率將近60%。只不過此君並未碰到好運，遇到大熊出沒，被腰斬後

停損殺出，自有資金全部繳了學費，還倒欠了 50 萬元
的「學貸」，想在股市致富的美夢，瞬間變成致「負」
的噩夢。這種情況在有關當局鼓勵當沖的政策下，變
得更常出現，投資風險也隨之增加許多。

也有人是打算趁低利率時借錢，把錢拿去買高殖利
率的公司，賺取這中間的利差，且好公司也會有資本
利得，這樣的獲利應該會比風險大不少吧？然而，近
年來世局混亂，黑天鵝滿天飛，又不時有灰犀牛出來
亂逛，再加上程式交易，股市常常急漲狂跌，持股市
值被瞬間腰斬的機會發生的機率不小。

我在 2008 年～ 2009 年的金融風暴時期，股票淨
值從大約 2,000 萬元被砍到僅剩 750 萬元。2020
年新冠肺炎疫情期間，不到 1 個月，股票淨值則是從
大約 4,300 萬元縮水到 3,700 萬元左右。

因為都沒有任何借款，所以還能故作鎮靜地等待風
暴過去；若有部分資金是借來的，就會增添付利息或
被強迫還款的壓力。投資人若真的舉債投資，一定要

確保自己有能力應付可能的變數，不要落入賤賣股票變現還債的窘境。

我也曾想過，將老媽郵局帳戶裡幾乎沒有利息的存款借來存股，賺到利息再平分，如此我和老媽都可以增加收益，何樂不為？但是想到有諸多後遺症，老人家會天天擔心她的老本是否會不見，思緒至此就打消了這念頭，我還是老老實實地用自己的錢來存股，縱使全部歸零了也是無債一身輕。

個人真的不建議任何投資人運用槓桿來增加獲利，尤其是剛進股市的年輕人。不能因為想快速地達到財務自由就任意擴張信用，那就像是開 1 輛只有油門的超跑，沒有煞車可踩，出車禍是早晚的事；下場不僅是債務纏身，嚴重者還有可能家破人亡。

身邊真的有這種案例，最令人不忍的是看到一個年輕生命的殞落，讓白髮人送黑髮人，剛出社會就在股市跑短衝浪並替客戶代操，可能是剛開始有嘗到甜頭吧？愈做愈大，直到某天自己吹的泡泡破掉了，最後

用一盆木炭來逃避問題，不負責任也令人痛心。我們
多少都可以聽到類似的故事，這些如暮鼓晨鐘般的提
醒，在當今有些過熱的行情中，不知道能敲醒多少人
的美夢？還是回到一步一腳印的存股大道上，比較踏
實吧！

學會過濾出正確資訊
避開詐騙陷阱

在古早的民國60、70年代（1970、1980年代），
追蹤股市現價要聽收音機的廣播，還好那時上市公司
家數不多，否則想聽第 2 次的報價都可能要收盤了。
那時也沒幾家關於投資理財的雜誌，一般投資人只能
從報紙上找資訊；現在的網路時代再加上蓬勃發展的
社群媒體，資訊多得讓人目不暇給，當今投資人要做
的功課就是如何從眾多的訊息中，過濾出正確、有用
的資訊，把一些沒用或似是而非的雜訊晾在一邊棄之
不顧。

多求證、多詢問，千萬別上當

曾有機會問過一位知名的財經主持人，訪問過那麼
多的學者專家，各家各派不同的說法和見解，會不會

讓人無從選擇？她的回答是，她知道她該聽誰的，其他的她會一笑置之。現在要能判斷出正確的資訊和選擇社群媒體真的很重要！

利用股市熱潮來詐騙已經行之有年了，但最近有更猖獗的趨勢，詐騙集團可能運用電腦程式和大數據來編各種故事引人上鉤。從創意的角度來看，這些手法還真是千變萬化。很榮幸的是，我居然也被冒名了，還是警方公布遭冒名詐騙名人全國排行榜的第 3 名。

個人的好友和學生常將詐騙的截圖傳給我，有些寫得還真誇張。其中 1 張截圖中出現 4 個「謝士英」，居然有 4 種不同的職業，從財經專家到室內設計師都有。真是令人驚奇，我都不知道自己有這麼多才多藝。

然而更扯的是，居然還有詐騙廣告將鴻海（2317）創辦人郭台銘董事長和我寫在一起，內容是郭董和我是多年舊識，某次餐敘中聊到存股，郭董為之動容而大力推薦以我為名的群組。我還真希望能認識郭董，再吃頓飯，那不就像上天堂！詐騙若繼續下去，我的

下一位老友不知會是哪一位大咖？

其實我有 2 位老同事先後被詐騙。現在回想起來，如果他們先和我聯絡就不會白白損失金錢，又生一肚子氣，甚至鬧到家庭失和。現在很多人都太含蓄，不好意思開口，其實多問 1 句就好，希望我的老友們都不要再掉入同樣的陷阱。

認識我的人，應該都了解我採取的是長期投資方式，詐騙集團杜撰的故事完全不是我的風格和投資標的。就算不好意思詢問我，若能自己思考一下，應該也不會落入圈套。我是靠選好公司，也只有台股，多年慢慢地累積出的成果，如果有人打著我的名號，說能「迅速致富」，那肯定是詐騙，千萬不要上當！

解讀大師名言

向3位大師學習
汲取寶貴投資經驗

　　想要長期領穩定被動收入的投資人，絕對不要妄想能迅速致富，千萬不要用財務槓桿來增加賺錢的速度，也就是擴張信用去借錢來投資。這種幾乎算是賭博的投機方式，讓你傾家蕩產的機會遠大於發財。

　　但是借用已經理財成功人士的方法，卻是能讓我們在理財的路上走得更輕鬆，不用在錯誤中學習。我認為這是一種另類的心智槓桿，借力使力省下許多學費。

站在巨人的肩膀上，投資事半功倍

　　許多投資人喜歡聽各種來歷不明的小道消息，那麼這些股市名人的肺腑之言我們怎可輕忽呢？在這個章節中蒐集了巴菲特（Warren Buffett）、蒙格（Charlie

Munger）、葛拉漢（Benjamin Graham）等投資大師
的名言，其實誰說的並不重要，重要的是，站在這些
巨人的肩膀上，運用他們所累積的寶貴經驗，遵循這
些金玉良言，確實能讓我們的投資之路走得更輕鬆，
減少去犯那些不必要的錯誤，達到事半功倍的效果。

這幾年來，存股好像變得很熱門，各種媒體以這個
話題作為報導的主題也時有所聞，從個人被訪問和上
通告的次數就可以看出端倪。當然，也可能是在股市
中把股票當作定存來投資的人不多，我在媒體曝光的
機會就隨之增加。

由於自認為是巴菲特的信徒，一直是以他的投資原
則作為個人理財的重要依據，不見得算是盡得其真傳，
但是這些年來也還算是繳出了一些成績。因此從他的
名言開始與諸位讀者來討論，作為一個小投資人，尤
其是想要用存股來打理自己財務的讀者，所應該要知
道的事。也許會有重複，就煩請當作是老人家在耳提
面命，多聽幾次後就內化成了自己的投資習慣了。

大師1》巴菲特
長期為股東創造極佳績效

　　巴菲特（Warren Buffett，1930～），波克夏海瑟威投資控股公司（Berkshire Hathaway）董事長暨執行長，被尊稱為「股神」。早年成立投資合夥公司從事代操，利用價值投資法創造極佳績效；而後收購紡織公司波克夏股權，並開始買入具備競爭力的優質企業，逐漸轉型為投資控股公司，長期為股東創造年化報酬率20%的績效，約為美股大盤的2倍。

「在別人貪婪時恐懼，在別人恐懼時貪婪。」

　　當眾人貪婪的時候，會有超額的資金去追逐有限的股票。那時不管是好公司或是名不見經傳的公司，股票幾乎是常常亮燈漲停。還記得美國網路泡沫那年代，只要是公司名字裡有「.com」就會暴漲，也不管這家

公司是做什麼的。這就是股市如狂牛一般在華爾街上或是其他股市上暴衝，連豬都會飛上天。

在還沒有網路和有線電視的那個時代，投資人都群聚在各大證券公司的營業大廳，也就是所謂的號子，盯著電視牆看股價，比較有實力的就會有比較隱密的 VIP 室供其觀盤。1 點半收盤後，周遭的下午茶餐廳和服裝精品店也是生意興隆。那是眾人貪婪時，也偶爾會看到出家人去開戶。股市過熱時，我們真的要居高思危，人多的地方不要去。

股市有點像是氣候循環，盛夏過後就有寒冬。號子的電視牆只有螢幕跳動，一片綠油油，大廳裡看不到幾個人影，也多在打瞌睡，這是熊市的標準場景。比較激情的投資人那時可能正在揪團組自救會，準備上街頭了。

在眾人哀鴻遍野時，股市春天的腳步也悄悄地靠近了。在大家躲著股市遠遠的時候，價值投資人正小心地慢慢用折扣價，買進好的公司股票。我曾用不到 30

元的價錢買到台塑（1301）和南亞（1303），留到現在還捨不得賣。雖說那時該要貪婪，但是資金有限的我也只能量力而為，不敢任意擴大信用，而是慢慢地擴張我的咖啡園。投資理財還是要能一步一腳印地去滾我的小雪球，別貪婪過頭。

「人多的地方不要去。」

　　觀察過去 100 多年的股票市場，好像有著一個規律的循環，低迷的熊市會慢慢轉成人聲鼎沸的牛市。一個讓投資人血脈賁張的牛市也往往在股價本利比過高時開始回檔，當最後沒有人用更高價格去接手時，也是曲終人散的開始。股票的價格好像是大家投票的結果，眾人競相追逐的結果會將股價推到不合理的高價。這種沒有基本面支持的價格不會撐多久，早晚會被打回原形。

　　通常人多的股市一定是牛氣沖天，就像是「擦鞋童理論」形容的那種情境。巴菲特通常會遠離股市，因為股價都太高了，沒有便宜貨好撿。反而是沒有什麼成交量的熊市，大家在高喊停損殺出，暫時遠離股市

時，是我們存股族開始尋找好的投資標的，買進打折好股票的好時機。這也是所謂的「人棄我取法」。

「若你不打算持有某檔股票達10年，則10分鐘也不要持有。我最喜歡的持股時間是永遠！」

你不知道某家公司的產品 10 年後是否存在，甚至公司本身能存活那麼久的話，想要長期投資的你就不應該持有這家公司的股票。宏達電（2498）HTC 的智慧型手機曾經獨領風騷，但在老美和蘋果（Apple）的打壓下一蹶不振。目前看不到有重返榮耀的遠景，也暫時沒有新的明星級產品即將問世。因此，這種科技公司就暫時不在我的存股名單裡。

若沒有意外，統一（1216）或大成（1210）這類食品公司 10 年後仍會屹立不搖，甚至更加茁壯。緯創（3231）、宏碁（2353）等科技大廠在這股 AI 浪潮推升下開始繳出不錯的成績單，輝達（NVIDIA）創辦人黃仁勳宣稱 2024 年是 AI 元年，至少會有 10 年好光景。我雖然對 AI 一知半解，但對黃仁勳說的感到很有信心；再加上我的持有成本夠低，當然是繼續持有。

記得那時還是由我老爸在代操我的「謝老大基金」時，民國 80 年代（1990 年代）中的股災，高雄股票上市的建設公司幾乎倒光，只剩國揚（2505）在苦撐著。當時某家建設在下市前有人放出內線消息，稱大股東嚥不下這口氣，要將股價拉抬到 7 元再讓它下台鞠躬。那時的股價不到 2 元，有朋友轉告這個難得賺快錢的機會，還說不要貪心只賺 3 元就先下車，留 2 元讓別人賺。

這種沒有未來的股票，不能讓我安眠，我真的是連 1 天都不想擁有。好得不像真的，那很可能不是真的。結果是那家公司股價漲到 4 元多就一瀉千里，跟大家說再見了。朋友借來的 40 多萬元打水漂了，還不知要省吃儉用多久才能還清債務。

我現在的核心持股都是超過 10 年以上，甚至是超過 20 年。有些近幾年才有機會用相對合理價格買到的股票，也都是打算至少抱過 10 年，而且還在找時機將持有的股數逐年增加，讓每年領到的股利繼續成長，希望不久的將來我也可以被稱為下一位億元教授。

> **「不管多有天分或多努力，有些事情就是需要時間。**
> **即使一次讓9位女子懷孕，你也無法使她們在1個月**
> **內生下小孩。」**

　　巴菲特的滾雪球式投資法其實很簡單易懂，任何會小學算數的應該都學得會，用好價格買進好公司，放著讓時間去產生複利效果，等著收成就好。許多投資人都急著想獲利，有賺到就急著落袋為安，完全沒有讓時間去產生複利效果，甚至連一次股利都沒領過。這就像是急著抱兒子，還是需要至少 10 月懷胎，和同時多幾個老婆是完全沒關係的。

　　另外，配到的股利不要馬上犒賞自己，而是要再投入。否則只是會有單利，沒有複利，持有的股數就停在那裡，會讓獲得財務自由的目標變得很遙遠，甚至連通膨都贏不了。

「聚焦在品質和價值。」

　　若是想要用投資股票來製造穩定的現金流，並利用時間來產生複利效果以早日獲得財務自由，最簡單且穩當的方法應該是用巴菲特滾雪球的方法了。現在台

股有上千家上市公司，橫跨各種領域，很容易讓人產生選擇障礙。

　　作為一個小投資人，最好能過濾那些千絲萬縷的資訊，專注於自己熟悉產業並從中找出有品質且具競爭力的賺錢公司，定期追蹤這些公司的股價，當有相對便宜的價格出現時，開始買進；若是碰到股市修正或下殺，人棄我取，繼續買進。

　　當彈盡援絕時就保持冷靜，等風雨過後，股市總是會再漲回來的，且往往會再創新高。我們只須關注自己持股的品質和價值，就這麼簡單！

「震盪也是遊戲的一部分。」

　　股票市場每天都匯集了外資、投信、大戶和眾多的投資人，各有不同的看法和資金的需求。有些看多，也有些看空。有資金需求的人需要賣股票變現，也有人手持大把鈔票伺機而動。再加上市場上充斥著許多虛虛實實的消息，這都使得大盤指數和個股漲跌震盪變得很正常。所以巴菲特說，震盪也是遊戲的一部分。

於是股市中，有人用統計分析的方法來預測股價的
走勢，這也是所謂的技術分析。我個人是不太相信技
術分析，所以選擇用存股的方式來買進並長期持有。
股市中採用技術分析的人應該不在少數，但是好像沒
有人賺得比巴菲特的資產多。

《漫步華爾街》作者墨基爾（Burton Malkiel）曾用
電腦去模擬，結論是技術分析的績效沒有比較好。相
對於存股，技術分析需要更多的知識和投入時間。作
為業餘的散戶，還是用滾雪球的方式製造被動收入比
較單純且省時省力。

另外，技術分析是用統計方法從過去的數據去推估
未來的走勢。在黑天鵝亂飛和灰犀牛狂奔的現在，我
是強烈懷疑其預測能力，因為突發的變數太多了；再
加上儘管線型與漲跌兩者在統計上強烈相關，也不代
表兩者間有因果關係，更不知何者是因，何者為果了。

總之，一般投資人要認知，股市震盪是常態，心情
不要受到影響。謹守著存股的原則，最好不要試著去

預測股價的漲跌，我們應該玩不過那些法人和專家吧！

「不要『炒』股，你要買價值，永遠不要賣。」

這句名言最主要是建議投資人不要去炒股票，最後許多人是被股市炒。所謂「炒」股票就是賺價差跑短線，想在短時間內迅速致富。如果這是可行之道，靠炒股致富的應該是滿街跑，但是現實正好相反，靠炒股發財的投資人並不多。長期持有有價值的好公司股票才是王道，可以有穩定的被動收入，更有可觀的資本利得。

當年在 SARS 疫情快結束時，開始用 10 元買進的統一（1216），那時存了 105 張。我老爸以賺價差的心態用 17 元替我賣出了 40 張，還很得意地替他兒子獲利入袋。我確實是賺到了 70% 的價差，但是我再也沒辦法用 17 元或更便宜的價錢買回來了。

現在我陸續將統一的持股累積到約 200 張，平均成本也推高到 30 元。我還會繼續持有並慢慢地在有相對便宜價出現時，再多買一些，向 250 張甚至是 300

張挺進。

> **「如果我們不在自己有信心的範圍內找到需要的，我們不會擴大範圍，只會等待。」**

有信心的一定是好公司，沒有合理的價錢可買就寧缺勿濫。為了等一個合理買進價，可以好一陣子不買股票。所以我一直是固定存錢，但是沒有定期去買股票。通常大盤下挫或重跌時，是我種樹的時候。

「想要投資成功一輩子，不需要超高的智商、不凡的商業頭腦，或是內線消息。」

巴菲特這句話深得我心，讓我在存股的路上平穩前行。前陣子輝達的黃仁勳旋風從股市吹到夜市，到處都有那件黑皮夾克瀟灑的身影。問題是買同樣的黑皮夾克來穿，也可能再出不了另一位黃仁勳，他的成功幾乎是無法複製的。

臉書（Facebook，公司名稱已改名為 Meta）創辦人祖克柏（Mark Zuckerberg）、蘋果創辦人賈伯斯

（Steve Jobs）或特斯拉（Tesla）創辦人馬斯克（Elon Musk）等企業家在專業領域的成就都是獨一無二的，我們只能膜拜而已。但是，「投資」是我們這種普通人，也可能繳出不輸給專家績效的唯一領域。當我們有了基本投資理財的常識之後，只要靠儲蓄、紀律、耐心和時間，就能達到財務自由的目標。這個過程需要時間去產生複利效果，千萬急不得！

6-3
大師2》蒙格
巴菲特最重要的合作夥伴

　　蒙格（Charlie Munger，1924 ～ 2023），生前任職波克夏海瑟威投資控股公司（Berkshire Hathaway）首席副董事長，為巴菲特（Warren Buffett）最重要的合作夥伴。巴菲特原依循老師葛拉漢（Benjamin Graham）的選股法，專撿便宜貨，但蒙格認為，與其買股價便宜的平庸企業，不如購買股價合理的卓越企業，大幅影響了巴菲特的選股風格。巴菲特曾說：「如果我不認識他，我會比現在窮得多。」

「複利的第1條規則，永遠不要不必要地中斷它。」

　　盡量只買不賣，將股利再投入，讓時間去做它該完成的任務——產生複利效果。當然先決條件是選到好公司，再用合理或便宜的價格買進並長期持有。

「一家平價的偉大企業優於一家高價的普通企業。」

當股市飆漲，平庸的企業在資金浪潮的推升下，也有機會來到前所未見的高點，可以說是「站在風口上，連豬都飛起來了。」在這個氣氛下，若又看到電視上的分析師們都在預測還有更高點時，千萬不要跟進追高。寧願去買貴一點的好公司，也不要去追捧一家普通的公司，還是要擁有一家偉大的企業比較安穩。

「盲從只會讓你更靠近平均值。」

在程式交易盛行的當下，一般散戶的反應絕對趕不上電腦交易的速度。所以在反應慢至少半拍的情況下，跟著大家買賣，賠錢的機會很大，表現在平均值之下應該不會讓人意外。想要有比較好的成績，絕對不能盲從。

「群體愚蠢：即人類在某些情況下傾向於像旅鼠，解釋了聰明人的許多愚蠢思想和行為。」

大家都有擔心與眾不同的從眾行為，好處是在平日生活中能讓人安穩地融入社會。但是在股市中，有時可能需要反其道而行。尤其是在大家追高殺低的瘋狂

中，我們更需要能保持冷靜，不要隨之起舞。至少要能夠三思而後行！

「『賺』大錢不在買和賣，而在等待。」

想要長期投資就不要頻繁地進出股市。一會兒滿手股票，一會兒都是現金，那是賺價差投資人的做法。我們應該像最近一本暢銷書的書名《持續買進》，與公司一起成長並讓時間去產生複利效果，把看盤的時間拿去做自己喜歡的事情，讓優秀公司的經營者替我們去賺錢，只要等著定期收成就好。

「偉大的投資需要延遲滿足。」

想要在投資上有真正持久的好成績，就不要急著獲利了結。頻繁地買賣除了增加不必要的交易成本之外，也不能產生複利效果並帶來穩定的被動收入。甚至買賣的時機不恰當，還會有賠錢的風險。

「若沉不住氣，多高智商的人投資了都不會成功。投資者得控制內心衝動和不理性的行為。」

1990 年代有個由諾貝爾獎得主成立的投資基金，

風光了幾年後就破產了。這說明了在投資這領域中，成功與智商好像沒有相關。很多人平時很理性，但一到了股市就變成了另一個人了。許多人會在好市多（Costco）搶購打折的衛生紙，卻在股市中追高殺低。你是其中之一嗎？

「一步一腳印往前走，沒必要跑得太快。」

在理財的路上，切忌貪心和想快速發財。別想能夠一夜致富，尤其是年長的投資人和退休族。被詐騙的往往都是這類族群，想要迅速發財的貪念最後落得老本不保。還記得當年的鴻源案（註1），不知坑殺了多少退休長者？

「成功需要非常平靜和耐心，但是時機來臨的時候也要足夠進取。」

股市買進的好機會都是在股價大跌或崩盤時，那時需要有足夠的資金和「雖千萬人吾往矣」的勇氣，才能撿到便宜的好股票。

「在我一生中，我認識的聰明人沒有不每天閱讀的。」

我不是聰明人，但我一直有在閱讀，也很喜歡逛書店和買書。我也有畫重點的習慣，就不方便去圖書館借書了；也喜歡傳統書的紙張印刷味道，至今還沒有電子書。正在翻閱拙作的你，也是位愛書人吧？

「最好是從別人的悲慘經歷中學到深刻的教訓，而不是自己的。」

許多投資人做不到這點。絕大部分的人都愛面子，會誇大自己在股市成功的故事，卻很少與人分享自己慘烈的教訓，以至於某些股市小白會以為這個遊戲是穩賺不賠的，尤其是在牛氣沖天時開始買賣。若不小心賠錢，只是歸罪於運氣不好，認為下次就會不一樣了。在錯誤中學習是一般教育過程中很常用的學習方法，但在股市中卻是一個很糟且非常昂貴的課程，避之唯恐不及。從別人的錯誤中學習才是最划得來的，

註 1：鴻源案為台灣第一起大型非法吸金案，自 1981 年開始，鴻源公司以 4 分利（每月 4% 利息）的高利率，於民間吸收近千億元資金。1989 年政府大力查緝此類地下投資公司，引發恐慌擠兌，鴻源公司無以為繼，於 1990 年倒閉，10 多萬人血本無歸，受害者多為退休軍公教人員。

沒必要把自己弄得傷痕累累。

「在決定未來方面，沒有比歷史更好的老師。」

　　過去的股市一直是牛市和熊市循環而逐步成長，未來也會是如此。幾次的股災都是很好的借鏡。不要每次都是舊戲重演，又以悲劇收場。老師都有教，要學到教訓。

「成功的祕訣是什麼？一個詞回答：『理性』。」

　　在股市中保持理性，幾乎是立於不敗之地。但是有多少人做得到呢？正在寫稿時，有好朋友的朋友，一位很優秀的公務員，被說服去投資原油期貨，在虧了一大筆錢後才沒再加碼，前面的資金就當作是沉沒成本了。想要賺錢到失去理性，掉進了虎口。

「我的成功並不是靠智慧，源自於我長期的專注。」

　　智慧很可能大部分靠遺傳，但蒙格告訴我們，在股市要成功並不需要有多聰明，而是要靠專注，用對的投資方法並堅持下去。三心二意地一直改變投資策略，可能會事倍功半，甚至於白忙一場。

> **「你不需要具備量子力學所需要的能力，你只需要知道一些簡單的事情，並且真正了解它們。」**

投資股市就是這麼簡單。我到現在還沒有完全弄懂ROE（股東權益報酬率），但這沒有妨礙我每年領的股利；當然若是知道了，也許成績會更好。我還是會將洪瑞泰的書再仔細地讀一遍，絕對會有領悟的。

> **「避免麻煩的最大方法之一是：保持簡單。」**

把投資盡量簡單化，使其變成真正的被動收入製造機。我們不必像專家那樣，每天花上 8 個到 10 個小時做研究，應留下寶貴的時間去做自己喜歡的事。最怕的是，忙了半天還沒賺到錢，甚至是在賠錢。

6-4

大師3》葛拉漢
提出著名「菸屁股投資法」

葛拉漢（Benjamin Graham，1894 ～ 1976）被稱
為「價值投資之父」，曾於母校美國哥倫比亞大學
（Columbia University）任教，吸引巴菲特（Warren
Buffett）慕名就讀，而成為巴菲特的老師。著名的「菸
屁股投資法」即為尋找股票價格低於內在價值的公司，
並要在有足夠「安全邊際」時買進，以降低風險並獲
得潛在獲利空間。

「股市從短期來看是『投票機』，從長期來看是『體重機』。」

股票短期的漲跌是看人氣，在資金的追捧下吸引了
眾多投資人的目光，像是所謂的「概念股」。但是長
期能經過時間的考驗，就要看公司獲利的表現。就像

是站在磅秤上，才知道誰是虛胖，誰是真正的有質量。
短期看量，長期重質也是相似的意思。

「市場短期愛『選美』，長期愛『測體重』。」

　　與上一句名言雷同。短期像是在追星，大家趕流行，
就怕落了隊。長期就要看公司的經營和體質了，通常
龍頭公司都是重量級的公司，有著不同的護城河，等
得起各種考驗。

「買東西不是靠樂觀，而是靠算數。」

　　我們買東西時常是憑著一股衝動，往往回家後才在
想當初為何要買這東西，這種習慣千萬不要帶到股市，
買錯了很可能後悔莫及。大家在追高時都在想像還有
更高點，沒有去計算過股價是否高得不合理，總是帶
著過度樂觀的眼鏡，沒有發現看到的可能是鏡片上的
廣告貼紙。

「永遠不要因為股票上漲而買進，也不要因為股票下跌而賣出。」

　　很不幸的，這正是大部分投資人在做的事：追高殺

低。股票大漲時，每個投資人都感受到股市那種熱度，大家如飛蛾撲火般地追高；相反的，當股市暴跌時，大家在怕損失的恐懼中拚命逃離股市，很少人會先停看聽，再做決策。完全不知道自己買賣的理由何在，只是跟著大家亦步亦趨。

像是 2022 年的台積電（2330），股價大漲時眾人瘋狂跟進，大跌時又跟著殺出。從投資的角度來看，同一家公司，許多人在短期中的買賣完全不合邏輯。遺憾的是，我也沒有買到便宜的台積電。

> 「在大多數的時候，股票的價格相當地不理性，也有相當大的波動。主要是因為大多數人的腦海中投機和賭博的觀念根深蒂固，他們沉浮在股市所帶來的希望、恐懼和貪婪之中。」

許多股民在股價大漲中看到賺錢的希望，帶著貪婪的心去追高。當大跌時，怕虧錢的恐懼又造成互相踐踏地殺低，大家不理性的追高殺低，就是這樣一而再地發生。理性的投資人絕對要能耐住性子，反其道而行之。

> **「投資者的首要興趣是以合適的價格買合適的資產；投機者的興趣是預測並從市場波動中獲利。」**

這句名言將在市場中賺價差的定義為投機者，當他們買進後就期望或預測，有人會用更高的價格把股票買走。若事實與期望不同或猜測錯誤時，就像是賭博賭輸而賠上本金。對投資者來說，合適的資產是經營良好的公司，而合適的價格通常會出現在股市低迷或股災發生時，投資者會用便宜的價格買到投機者拋售的股票。

> **「股票下跌本身不是風險，而是你不得不在股價下跌的時候賣出，也可以是你投資的公司本身發生重大負面變化，又或是你買價太高。」**

買股票要面對的風險有 3 個：

1. 沒有保留緊急備用金，你不得不在股價下跌時，賠錢賣出股票來變現。這是最近許多人喜歡 All in（全壓）來投機所要面對的風險。

2. 買進的公司發生沒有預期到的突發事件，若對未

來有長期的影響，我們可能要壯士斷腕，面對損失了。

3. 追高追到最高點，這也是大師們一再叮囑不要追高的原因。買得太貴，本身就是風險。但是現實是，台積電跌破 400 元時，幾乎無人問津；漲破 1,000 元時，大家搶破頭。前後時間差距沒多久，人氣卻天差地別。

> 「價格波動時對真正的投資者只有一個重要的意義，它提供了一個機會。當價格大幅下跌時，他可以明智地買進；而當價格大幅上漲時，他可以明智地賣出。」

這句名言我目前只做到了前半段，我會逢低時買進我認為的好公司；但當股價上漲時，大多都還沒到太貴的價格，而我也有點捨不得賣出。所以，只好持續買進，一直擴大我的咖啡莊園。

> 「如果要追求在股市要漲之前買入，要跌之前賣出，會不可避免地落入投機。投資是追求在股價低於公允價值時買入，在高於價值時賣出。」

　　要能在漲之前買，跌之前賣，那還真是股（賭）神。
十賭九輸，股市中的賭神應該沒幾位吧？個人投資時
在追求能買在合理價格即可，讓時間去產生複利效果。
目前還沒有因為股價太高而去賣出股票。這句名言的
心得是，搞對買賣時間還不如搞對買賣的價格。

> 「一方面安全邊際取決於公司未來增長，但未來善變；
> 另一方面，安全邊際取決於當前股價的高低，這是確
> 定的。把握你能把握的。」

　　現在最紅的股票是台積電，它未來的成長可期待，
但是未知數。我若想要持有台積電，會等到它回跌時
分批買進，盡量降低持有成本，這也是我可以掌控的，
對其他好公司也是比照辦理。但是目前尚未等到能出
手的時機，就繼續守株待兔。

> 「市場就是一個鐘擺，永遠在不可持續的樂觀情緒和
> 不合理的悲觀情緒之間搖擺。聰明投資者是一個現
> 實主義者，他向樂觀主義者推銷，向悲觀主義者購
> 買。」

　　個人覺得一般投資人像是兩面人，有時是樂觀者，

有時是悲觀者。但是大多數的時間總是選錯方向，該樂觀時悲觀，應悲觀時卻異常樂觀。大家常把居高思危掛在嘴邊，但是當股價高漲時卻又忘在腦後。這就是人性吧！

「如果說我注意到華爾街60年來發生了什麼事，那就是人們沒有成功地預測股市將發生什麼。」

現在是所謂的黑天鵝和灰犀牛常出現的年代，要能準確地預測股市，那可能比登天還難。當我看到分析師用過去的漲跌資訊在預測未來的走勢，心中一直懷疑其準確性。所以我還是回到基本面，選好公司和等個好價錢，買進後就交給時間。當然還是要做一點功課，追蹤公司的營運是否如預期，這是不可以省略的功課。

「成為一位聰明的投資者，你必須負責確保你永遠不會損失大部分或全部的錢。」

經過 2008 年～ 2009 年金融風暴的洗禮，我縮水但沒虧損的資產迅速地回來並成長了些許，讓我更有信心地去經營並擴張我的咖啡莊園。之後又挺過了新

冠肺炎疫情，莊園又多種了不少好品種的咖啡樹。當然，也讓我有機會在這本書中多說上兩句，希望能吸引一些同好加入存股的行列。

> 「投機時要像理智尚存時的賭徒，只帶100美元去賭場，把棺材本鎖在家中保險箱裡。」

尤其是對年長的或退休族來說，千萬不要把所有的家當都投入投機市場。若是遇到股災，真的會連棺材本都保不住。但是在賭場裡，有多少人能保持理智呢？

> 「一位成功的投資者不需要很高的智商或豐富的商業知識，他所需要的是一個不感情用事的冷靜頭腦，以及用合理價購買的優良股票。」

找到適合投資的好公司真的很重要。台股中的優秀公司還真的不少，每個領域的龍頭公司和一些隱形冠軍都是值得持有的。更重要的是能沉得住氣，在大環境不好的情況下勇於出手撿便宜。

當持有成本夠低，未來股利和資產成長的空間就會比較大，虧損的風險也就相對低很多，幾乎等於零。

> **「投資需要借助性格的力量才能以與人群相反的思考和行動，也需要耐心等待可能相隔數年的機會。」**

有一本暢銷書的書名是《被討厭的勇氣》，談的就是我們有時需要有獨立思考的能力和能勇於與眾不同。股市中大多數都是賺價差的股民，他們是用不同的思考模式和方法在買賣股票。

想長期投資的人，就一定不能被他們影響，尤其是當他們在極短時間內賺了大錢。有時要能耐住孤獨，等待複利的成果。從過去歷史去看，股市是熊市和牛市輪動的，想要買到相對便宜的股票，有時真的要等上數年。存股族是可以放心地去度長假，不必天天日夜盯盤。

> **「要對新股發行保持警惕，買的沒有賣的精。發行者選擇最好的市場時機，由最精於推銷的證券公司銷售，這對普通投資者不是好訊號。」**

新上市的公司一定在經過精心包裝的情況下上市，對投資者會有致命的吸引力。由於剛上市的公司還沒有過去的業績作為參考，只有未來美好的幻影讓投資

人去想像。

　這對長期投資者而言，可說是無「績」可循，可能會買貴了，更可能會買錯了。我個人會保持距離，至少觀察 2、3 年再説。不過，2024 年買了元大台灣價值高息（00940）算是例外吧。

「在你投資之前，必須確保你已經現實地評估了你是對的概率，以及你將如何應對錯誤的後果。」

　這句話的重點是，投資人要明確知道投資成功的概率，以及出錯的後果是否能夠承擔得起。許多人還沒弄清楚狀況，只是看到旁人賺錢或只是聽到消息就奮不顧身地跳進股市。當突然碰到股市大跌，能全身而退的可能只是幸運少數，多數都變成韭菜了吧？

　我的做法是只用合理或便宜的價格買我認識的好公司，以便未來能領到還不錯的利息。保留了必備的緊急備用金後，才將多餘的資金投入股市，也沒有擴張信用。所以最壞的情況是所有投資歸零，但我的生活卻可以不受影響。不過要這些優秀的公司同時倒閉，

發生的機率應該很小很小吧？

> **「投資並不是在遊戲中打敗別人，而是在自己的遊戲中控制自己。」**

人比人會氣死人，我年領股利超過 200 萬元可以寫書，我的「老友」郭董（郭台銘）領的單位是億，難怪他可以去選總統，我連在夢中都不敢想。投資理財是想把自己的生活過得寬裕，不會受到財務上的困擾。每個人的開銷和環境都不同，完全沒有必要和別人去攀比，把自己的財務打理好最重要！

你如果已經讀到這裡，你應該知道存股這種投資方法是否值得採行。答案若是肯定的，那就只剩下行動了。別忘了，還要有耐心等待收成，並且繼續存更多、收更多。祝成功！

Note

與讀者分享
一路走來的存股歷程

俗語說：「好漢不提當年勇。」所以，理當不要一直提起那些陳年往事，但是不寫這些過去的老故事，這本書就無法問世。再說，不就是把這一路走來的存股歷程與讀者分享，也許大家可以從中獲得一些啟示，讓讀者在理財的過程中少走些冤枉路。

基於這個想法，就藉機把多年來的奇異之旅再回顧一次，我自己也發現一些原已淡忘的事情，讓我在時光隧道中來回穿梭。

化名接受財經雜誌專訪

這趟令人難以置信的旅程是始於 2010 年接受《Smart 智富》月刊記者訪問。那時還擔任教職尚未退休，怕引起不必要的困擾，請記者取了個化名「謝永

盈」。還真有創意！

後來記者在 2 年後的另一篇報導，提到她想要採訪我的理由，我還真的忘了是這樣開始被訪問，當時報導是這樣寫的：

「2009 年 7 月，景氣確定復甦，很多人還不敢進場，那時晉昂投顧總經理洪瑞泰經營的『巴菲特班部落格』上，某一天出現一段留言：『8 年下來，我一共投入 500 萬元在好公司上，幾乎只買不賣。2 年前就沒再轉錢到股票帳戶，配的股息已經夠買股票了。目前資產在 1,500 萬元，每年這時候開始領股利，已經接近個人年所得，日子很好過的，不是嗎？何必要把投資弄得那麼複雜！』

這一段留言，不但激勵巴菲特班成員，也引起我的注意，讓我找到謝永盈，並領教這套簡單易做的養股術。」

其實那次的金融風暴開始時，我的資產淨值還有

2,000 萬元。沒多久就跟著國際股市一起沉淪，跌到剩 750 萬元左右時，才踩住了煞車。

記得事後洪瑞泰還特別在巴菲特班上拿我當例子，說我應該在風暴來臨前先出脫一半的股票，等風雨過後再買回持股，還可以買到更多股票。他說的沒錯，事先若知道有巨災要來，是應該要賣出部分的持股。但事發前又有誰能預先知道呢？世界上沒幾個人吧！

之後又碰到幾次股災，我仍是未能事先預知而至少出脫一半，等風平浪靜後再買回來。我能做的只是看著市值縮水，處變不驚地等待暴風雨結束，也順便撿一些便宜好貨。接下去的劇情就是原先縮水的又漲回來了，而且又突破新高。目前每一次都是同一套劇本，好像在重播。

之後陸續又接受多家週刊和不同記者的訪問，大家都對我的簡單咖啡園投資方法很有興趣。雖然我都覺得自己好像是一曲歌手，一直在重複同一個故事，但還是有讀者很感興趣。只要是對有意長期投資的朋友

有幫助，那我就厚顏地繼續傳唱下去了。

　關於被《Smart 智富》月刊採訪的內容，記者仔細爬梳了我的投資故事，也替我的投資策略做了系統化的介紹，特別擷取當時的月刊報導內文，置於本書的「附錄1」，供讀者參考。

寫部落格談存股

　2007年8月赴美國北達科達大學（University of North Dakota，UND）擔任交換教授2個學期，每週只有1門課。除了備課之外，去圖書館或書店逛逛，空閒時間算是不少。這段將近1年的時間算是遠離股市，原來持有的股票幾乎原封不動而任其漲跌。

　我在高師大的研究生得知後，主動幫我在無名小站上申請了1個部落格帳號，希望我能寫些短文來分享心得。就在這半推半就的情況下開始，幾乎每週至少上傳1篇，最初是生活或學習上的一些心得分享，也有得到一些點閱數和回應。不能免俗地漸漸開始在乎自己的點閱率，希望能夠如火箭般地一衝上天，但事

實卻是像打水漂似地在水平面上略有起伏而已，沒有
得到多大的回響。

在求好心切之下，心想寫一些大家感興趣的話題來
吸引關注度，應該是不錯的策略吧！於是就開始寫下
我對投資股票的看法，接連登了 3 篇，分別是〈股市
暴跌，誰比較不緊張？〉、〈定存股票〉、〈定存股
票 2.0〉。

當時並未如自己的期盼，談股市也沒有吸引更多的
關注力，也許是需要再多一點時間和篇數來達標。但
是時間沒站在我這邊，只寫了 3 篇。後來無名小站打
烊，我的部落格也就停格在〈存股 2.0〉。

現在天天聽到有人在說「存股」，我可是早就拿存
股這名詞作為吸睛標題。當時雖沒有造成什麼影響，
但也算是很早就出來談這話題。我該不會是第 1 人吧？

趁著本書出版，我也將那已經絕跡的 3 篇短文與各
位讀者分享，有興趣的讀者，可翻閱本書的「附錄 2」。

接到電視節目通告

我一直有定期逛書店和買書的習慣，幾乎每個週末都會到家附近的明儀書店報到。多年前就看到 1 本暢銷書《祕密》（The Secret），寫的是有點神奇的期望法則。本來心想哪有這麼神奇的事，好像只要天天去盼望就一定能達成所願，翻一翻就放回原位，完全沒有購買的意願。不久之後，在 5 折優惠中又看到了這本書，心想都這麼便宜了，再加上有點好奇，就把這本《祕密》帶回家了。

很快地讀完後，還有一個小作業，要寫下心中想要的事物。那時心想，已經接受多次雜誌的專訪，好像還沒上過電視，不知會不會有相關的節目邀約，於是將這小小的心願寫在記事簿上，希望能接到電視節目的通告。

神奇的是，真的沒過多久就接到生平第 1 個通告《單身行不行》。為了上節目，先仔細看了好幾集。難道《祕密》這本書寫的真的那麼神奇？還是本來就該要接到邀約呢？我現在開始有點相信，冥冥中自有安排。

偷偷地在心中寫下另一個願望，也希望不久之後就能如願。

出版投資理財書籍

寫 1 本投資理財的書是人生的另一個意外，更令人意外的是還寫了第 2 本。不敢期望能得到多大的回響，只希望出版社不要賠太多錢。當然更是希望能對讀者的投資理財有實質上的幫助，在街頭偶遇認識我的民眾時，能得到一些肯定的笑容就心滿意足了！

以前屏東到處都是檳榔樹，最近卻好像漸漸地被可可樹取代了。當屏東的巧克力頻頻地在國際比賽中獲獎後，其風評漸漸開始出現在各大媒體中。從報導中才知道，要從可可果實到香濃的巧克力，期間需要 10 多道程序。接受訪問的果農說，一開始從頭摸索，練習上萬次就可以成專家了。確實，幾乎每一項技術都需要練習非常非常多次才能出師。

令人欣慰的是，存股這種投資方法好像不需要練習這麼多次，尤其是哪個投資人有那麼多的資金來繳學

費？一般人只要知道簡單的選股原則和計算獲利率的方法，照著指導原則去實施，剩下的就是靠時間和紀律去執行，幾乎可以說是一試就成。既然如此簡單，那為何存股的投資人並不多？我想可能是大家都急於馬上看到成果，沒有辦法等上 3、5 年吧！

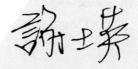

附錄1

《Smart智富》月刊專訪報導

龍頭股低買不賣　教師身價2000萬

——本文摘自《Smart智富》月刊2010年8月號〈封面故事〉(撰文：劉萍)

　　謝永盈合計投入的本金約 500 萬元，目前資產價值已達 2,000 萬元，等於變成為 4 倍，今年（2010 年）領到的現金股利則已將近 100 萬元。他是怎麼辦到的？怎麼會這麼快？

　　2000 年以前，謝永盈自己沒碰過股票，但有將一些錢交給已經退休的爸爸拿去「炒」股。只是老人家忙進忙出多年，卻沒什麼賺賠，讓謝永盈直覺：一般人做股票只是在浪費時間，根本很難賺錢。直到看了一篇股神巴菲特（Warren Buffett）的報導，他對股票投資的印象大為改觀，也從此改變他的人生，「原來

存到好股票，錢會不斷長大，生活也可以好好過。」

　　接著，謝永盈花 1 年時間，研讀巴菲特投資相關的書，甚至花錢去上「巴菲特班」，學習如何效法巴菲特投資股票。「看到最後，發現巴菲特投資原則最關鍵的只有 2 個：一是先挑好公司，再來就是等好價錢。」他說。

巴菲特投資原則

好公司：成熟產業的龍頭股，長期維持高獲利（股東權益報酬率（ROE）＞15%）、穩定配息。

好價錢：股價被低估時，通常本益比要低於12倍。

操　作：找到好公司就靜待好買點，然後長期持有，除非公司體質變壞，否則永遠不賣；透過每年配股配息，加上股價上漲，累積財富。

在台股裡要挑好股，用巴菲特選股原則可以選出不少「好公司」，但謝永盈只挑他耳熟能詳的大公司作為養股標的，包括台塑（1301）、裕隆（2201）、中鋼（2002）、統一（1216）等共 4 檔。

階段1》存錢等進場：預留生活費，餘錢逢低分批買

而接下來，才是投資股票能否賺錢的關鍵——要能等到好價錢。2001 年年中，謝永盈盤點自己帳戶裡的錢，先預留一年半的生活費，剩下的積蓄還有約 220 萬元，全部轉到股票帳戶，準備進場。

結果，等了不到半年，全球股市因為網路泡沫崩盤，行情大跌，台股在 18 個月內，大跌超過 6,900 點，指數從萬點高峰直挫到 3,411 點才止跌反彈。許多好股票在這樣的跌勢中，連連重挫，本益比跌到 10 倍以下的股票比比皆是。那時候台塑、南亞（1303）聯袂跌破 30 元，裕隆跌破 15 元，統一更是一度跌到歷史低價區，只剩 10 元不到。

就在這時候，謝永盈第 1 次進場了！雖然不是買在

最低點，卻是見到重挫就買進。「因為不知道股市會跌多久，所以就一次買 1、2 張，買完如果股價又跌，就再買；只要股價沒漲，就一直買。」謝永盈回憶。總共花了 2～3 個月的時間，手上可用資金全部買光，他主要看好的 4 檔股票，每檔都至少買進 10 張以上。

有 20 年股票投資經驗的富鴻理財顧問公司副總經理林成蔭認為，謝永盈這種「等」好股跌到低檔時才建立部位的做法，因為站在「買低」的基礎上，已經立於不敗之地。

光會買低還不夠，「養股」效益要加大，還得繼續養。為了準備下一波進場的資金，謝永盈開始每個月從薪水中撥出 4 成、近 3 萬元存到股票帳戶中，「先存進來，免得花掉，等到有好價錢時，才有錢可買。」

階段2》逢低再加碼：若銀彈不足，選獲利預估高的

這階段，謝永盈的子彈不像第 1 次進場時那麼多，無法像之前那樣，一次買進 4 檔股票，這時就得在核心持股中進行挑選。

謝永盈說，在股價低、股利殖利率高等條件都大致相當時，他會去找研究報告，看哪一家公司年度預估獲利比較高，就先買那檔股票。像 2001 年買進後，當統一又出現跌到 10 元左右的低價區，他都會進場1、2 張的撿。

雖然可以買的公司很多，「但重點是有沒有好價錢，沒有就不買，錢先存著，耐心等便宜價，到時錢也多了，買的張數更多。」謝永盈自信地道出自己的心得。

堅持「等好價錢」的原則，讓謝永盈又等到一次好機會。那是 2003 年 4 月 SARS（嚴重急性呼吸道症候群）肆虐台灣期間，他發現統一股價跌到 9.5 元，因為手邊又存了一些錢，就 2、3 張的買，一買又是10 多張。

另外，在這一年，謝永盈的核心持股還多增加了 1檔長興（1717），會選到這一檔股票，是他受邀到長興化工演講。演講完後，和長興員工聊天，發現這家公司的員工都對工作積極投入，加上公司獲利和配股

都不錯，員工對公司前景很有信心。

回家後，謝永盈開始上網找資料，確認長興符合「好公司」的條件，加上當時股價跌到 16 元附近，創近 1 年新低，他開始 1 張 1 張敲進，同樣存了 10 多張。

與一般股民不同，平常都上網看股票資訊的謝永盈，在大盤重挫或是發生金融風暴時，他會特別去號子逛逛，只要看到平時熱鬧的交易廳冷冷清清，就馬上加買 3、4 張。「當電氣用品打折時，大家會搶著買；為什麼股票打折時，大家卻不敢買？我當然要趕著撿便宜！」謝永盈得意地說。

但是，好公司不會天天有好價錢讓你買，所以謝永盈常常 1 年買不到兩回，有時甚至一整年都沒得買，他就專心工作、繼續存錢，備好銀彈等時機。

以他操作的這 8 年經驗看，平均 2～3 年左右，就會有一次進場的好機會。「只要逢低買，累積財富的效果很快就會出現！」這樣的信念支持他耐心等下去。

階段3》用股利滾入：遭遇金融海嘯，也還是賺

謝永盈運用這套養股術，到 2006 年，光台塑 1 檔股票，含配股已累積超過 50 張，成為他的第 1 大持股。「從這一年開始，我每年領的股利就超過 70 萬元，所以，我不再投入薪水，光用股利再投入就夠買了！」他說。

不過，這套養股法在 2008 年遭遇嚴重考驗。那時謝永盈帳上資產一度已超過 1,500 多萬元，但 11 月金融海嘯發生，股票價值快速跌到剩 780 多萬元（編按：實際上作者當時資產從大約 2,000 萬元，最低跌至 750 萬元左右）。

短短 3 個月，資產價值縮水幾乎一半，「當時心裡很不舒服，開始懷疑這樣養股到底對不對？」

喜歡研究的謝永盈開始思考，他先計算自己從頭到尾投入的資金，發現大約是 500 萬元，以當時股價計，等於還有 5 成的獲利；而且股價在跌，但他的股利卻沒少領。

　　除了計算自己的投資成績單，他也比較一些朋友的「慘況」。當年聽到他要用 200 萬元長期養股時，有位朋友也拿同樣金額買股，但做的是短線價差交易。

　　這朋友一次買進就是數十張，剛開始，1 週可以賺30、40 萬元，1 年累積成交金額上億元，但幾年下來，本金卻虧到只剩下 10 多萬元。

　　兩相比較後，加上那一年謝永盈領到近 100 萬元的股利，對自己養股術的懷疑頓時消失，於是把當年領到的現金股利，馬上再投入逢低買進。

初期效果不明顯：撐過3年，財富就會快速增加
　　「這樣投資像是坐摩天輪，不刺激卻很穩；相反的，賺價差像坐雲霄飛車，很刺激，但對心臟不好！」謝永盈如此分析。

　　問他這 8 年養股的心得是什麼？他的回答很直接：「理財的目的是什麼？如果不工作，你的錢能花多久？養股票，這兩個問題可以一次都解決！」

今年（2010年）7月，又到了謝永盈領「年中獎金」的時候，他結算，帳上股票資產價值已超過 2,000 萬元，領到的股利還是近百萬元。謝永盈建議，年輕人用這套方法，剛開始效果可能不明顯，很容易放棄，但至少要撐過 3 年，財富就會明顯增加，到時候「你就會愛上這方法，並且持續下去」。

Note

附錄2

部落格3篇文章

第1篇:〈股市暴跌,誰比較不緊張?〉

報導上聳動的標題:「台股5天暴跌437點,逾兆市值蒸發」,只要是有買股票的投資人平均每人「帳面」損失14萬元。筆者買股票做投資也有近10年的資歷,這次股災當然也不能獨善其身。但是心情卻不一定和大多數投資人那樣,覺得自己資產在縮水而緊張兮兮。

股票市場就像是一般普通的超級市場,各種貨品(股票)的價格會因不同因素在漲跌。擁有股票的人其所謂的「股票資產」是隨著市場價格而上下起伏,並不是真實的數字。投資者若是沒有賣出股票,是沒有真正的「損失」,這也是稱之為「帳面」的原因。所以,

沒有殺出股票的人應該比較不會緊張吧。目前個人所採取的投資策略：「逢低買進、只進不出、等待配息」，個人比較關心公司的獲利。今年的配息已經固定，不會因為股市的漲跌而受到波及。因此，也沒有緊張的理由。反而若是有好股票被錯殺，藉機撿便宜來增加今年的獲利（稱之為年中獎金），心中有一絲絲的見獵心喜。

　　這次股災（2010 年 5 月）是因為希臘的債信問題所造成的，個人判斷影響應該有限。原因是希臘的經濟規模在整個歐元區的比例很小，對國際經濟造成的實質影響有限，目前國際股市的反映有些過度。當然這需要持續追蹤觀察，希望自己的看法正確。總之，在股市投資要保持冷靜，盡量降低持股成本，不要隨著新聞與消息瞎起鬨，自己嚇自己，永遠在追高殺低。

第2篇：〈定存股票〉

　　《商業周刊》第 1177 期中有一篇文章名為「一百張股票」，其內容令筆者心中竊喜。高興的是，文中

的論點居然與個人多年來看法相似，真是所謂的英雄所見略同。內文敘述王品（2727）董事長戴勝益近來鼓吹「存100張股票賺退休」的理財觀念，一般人存現金保值的概念也因為銀行利率過低與物價膨脹的因素，而不符合需求了。

記得2000年初，個人剛開始打理自己的財務而開始鑽研要如何投資。那時利用1個難得的機會，邀請到任職非凡財經台的洪玟琴小姐蒞校專題演講，學校幾位對投資理財有興趣的老師也來共襄盛舉。在演講前，大家就利用機會先向貴賓請益。

記得當時就有討論到買中鋼（2002）股票，大部分的人都覺得中鋼是大牛股，股價沒什麼波動，一般投資人都不會作為投資標的。當時，個人是獨排眾議的，認為中鋼是值得投資與長期持有的，而這個看法至今也沒有改變（編按：此篇部落格文章為作者2010年時發布，後因中鋼獲利起伏大，符合「公司營運轉壞」之賣股原則，作者目前僅剩1張中鋼，其餘皆已出脫）。

　　1 位來聽講的資深師長在股市打滾多年，以波段操作且小有斬獲，當時總資產可以買中鋼股票 1,000 多張。就以 1,000 張來算，持有 9 年不賣。排除股票股利，僅單純計算現金股利，9 年來一共為 2,536 萬元，平均每年約 280 萬元，而股票市值也超過 3,000 萬元，這種投資績效可能不比各財經台的大師們差吧。遺憾的是，我們那位師長並未採用這種「定存股票法」，幾年來頻繁地低買高賣，至今投資成效乏善可陳。

　　當時，個人雖資本不多卻堅持己見，獨排眾議定存股票。這幾年來歷經幾次起伏都未出脫持股，而是逢低買進以降低持股成本。每年在暑假期間配股利，不以賺價差為投資的目的。平均下來每年的投資報酬率（定存利率）將近 20%，與投入的時間與心力相比較，這成績還算可以令人接受。

　　幾年後的今天，讀到這篇文章心中激盪不已。令人興奮的是，自己悟出的方法居然得到名人的印證。證明將好股票當作定存會是一種既簡單、安全且獲利不菲的投資方法，適合任何有耐心的投資者採用。

第3篇：〈定存股票2.0〉

對老師和學生來講，每年 7、8 月都是值得期待的。長達 2 個月的暑假不用早起上學，並且可以安排許多自己喜歡的活動。對於在股市中一小部分的投資者，這段時間正是配發股利的季節，為何說是「一小部分」，因為大部分的股民還多是在進出頻繁的「低買高賣」。若是有領到股利，也多是被動地被配發，而不是他們買股票的初衷。但是對於筆者這種以領取股利為主的投資者，暑假可就是我們收成的好時節了。

為何會有「定存股票」這觀念產生？應該是因為近年來銀行的利息低迷，將資金定存在銀行會「無感」，也是無法對抗物價上漲。記得民國 70 年（1981 年）去美國讀書，那時美國定存的利率高達 18%。當時若是有錢和有概念的話，開一個定存帳戶就可坐領高額利息了。遺憾的是，那時沒錢也沒有概念。

近年來世界經濟雖然萎靡不振，但是仍有許多公司的營運正常且獲利穩定。這些公司每年配發的股利換

算成利率高出銀行利率許多，那我們為何一定要把錢
存在銀行裡？

　根據經驗，按照巴菲特（Warren Buffett）的投資觀
念去選股定存應該是風險很小的。首先，要選所謂的
「好公司」，也就是經營良好且獲利穩定的公司。如
果買到 1 家業績和獲利都在逐年成長的公司，投資者
除了每年可以領取不錯的股利之外，若干年後若是需
要賣出股票，還可以賺到可觀的價差。這可是將錢定
存在銀行裡所沒有的「好康」。

　巴菲特另一個原則是，等一個好價錢。也就是説，
當你的買進價格愈低，你的「定存利率」也就愈高。
過去每次股市有一些風吹草動、大家落跑的時候，就
是「巴菲特們」伺機而動的時候。921 大地震、911
事件、SARS、日本 311 大地震、金融風暴等突發事件，
我們現在回頭再檢視，哪一次不是很好的買點？但是，
大部分的投資者那時都在做什麼？

　投資好像漸漸地變成現代人生活中的一部分。不過，

卻也發現身邊有不少的朋友在股海中浮沉、嗆水，甚至滅頂。也許換一個投資心態與方法，荷包和生活都會充實不少。

Note

國家圖書館出版品預行編目資料

一起存股去！選對公司、長期買進，用「咖啡園
存股法」打造花不完的退休金/謝士英著. -- 一版.
-- 臺北市：Smart智富文化，城邦文化事業股份有
限公司，2024.11
　　面；　公分
ISBN 978-626-7560-04-4(平裝)

1.CST：股票投資 2.CST：投資技術 3.CST：投資分析

563.53　　　　　　　　　　　113016870

Smart 智富

一起存股去！

選對公司、長期買進，用「咖啡園存股法」打造花不完的退休金

作者	謝士英
主編	黃嫈琪

商周集團
執行長	郭奕伶

Smart 智富
社長	林正峰（兼總編輯）
總監	楊巧鈴
編輯	邱慧真、施茵曼、陳婕妤、蔣明倫、劉妍志、劉鈺雯
協力編輯	曾品睿
資深主任設計	張麗珍
封面設計	廖洲文
版面構成	林美玲、廖彥嘉

出版	Smart 智富
地址	115 台北市南港區昆陽街 16 號 6 樓
網站	smart.businessweekly.com.tw
客戶服務專線	（02）2510-8888
客戶服務傳真	（02）2503-6989
發行	英屬蓋曼群島商家庭傳媒股份有限公司城邦分公司

製版印刷	科樂印刷事業股份有限公司
初版一刷	2024 年 11 月
ISBN	978-626-7560-04-4